Hermes
the origin of messages and media

Hermes 016

大航海時刻

台灣新的時代到來。不論對內或對外，都到了大航海時刻。
在巨大的風浪中告別過去，在洶湧的波濤中穿出未來的方向。

作者：郝明義
責任編輯：冼懿穎
封面、美術設計：張士勇
校對：廖立文、呂佳真

法律顧問：全理法律事務所董安丹律師
出版者：英屬蓋曼群島商網路與書股份有限公司台灣分公司
發行：大塊文化出版股份有限公司
台北市 10550 南京東路四段 25 號 11 樓
www.locuspublishing.com
TEL：（02）8712-3898　FAX：（02）8712-3897
讀者服務專線：0800-006689
郵撥帳號：18955675　戶名：大塊文化出版股份有限公司

總經銷：大和書報圖書股份有限公司
地址：新北市 24890 新莊區五工五路 2 號
TEL：（02）8990-2588　FAX：（02）2290-1658
製版：瑞豐實業股份有限公司

初版一刷：2016 年 3 月
定價：新台幣 280 元
ISBN：978-986-6841-71-2

國家圖書館出版品預行編目（CIP）資料

大航海時刻 / 郝明義著. -- 初版. -- 台北市：
網路與書出版：大塊文化發行，2016.03
264 面；17*23 公分. --（Hermes；16）
ISBN 978-986-6841-71-2（平裝）

1. 時事評論 2. 言論集

078　　105001661

大航海時刻

2016大選及之後，台灣的事情

郝明義

TAIWAN SETS SAIL

REX HOW

前言

十八歲少年的筆記

某天參加一位大學校長招待的晚宴。座上有些企業界人士，其中一位在對岸經營有成。當晚話題不免涉及兩岸政經情況的比較。那位台商很激動。一是激動於台灣的部長級政府官員連對岸一線城市的區長都比不上；二是激動於台灣的人爲什麼如此關心政治，不去專心拚經濟。「民主又不能當飯吃。」他講得語重心長。這也是當時常聽的一句話。

時間過去了兩年多。最近談前者的少了。但是說「民主又不能當飯吃」的人還是很多。這次選舉剛過去，就又有企業界的人出來說選舉結束，大家該收收心，好好拚經濟了。

他們不了解的是：台灣已經來到一個民主還眞的必須當飯吃，每個人都不能不持續參與政治的時刻。

◎

二〇一六年發生在台灣的選舉，總統的第三度政黨輪替、立法院的首度換黨單獨過半，雖然都有重大的歷史意義，但我認爲另一件事情才更值得重視。

過去，台灣都是由政黨來決定經濟發展的路子，以及社會價值觀的形成。然而從二〇一六年起，我們卻看到台灣的年輕世代企圖以他們不同於過去的價値觀來形成政黨、形成經濟發展的政策、推動國家的改革，並鼓動越來越多的人參與政治。

這是因爲大量三十五歲以下的年輕人發現，他們看到的問題與過去的世代不同，他們想到的解方可能也與過去的世代不同。面對這個世界，他們不能再和比他們年長的人一樣，只是接受前一個世代交接下來的思維、習慣和方法。

過去大家都在陸地上生存的時候，一代接著一代的人都可以練鉛球。但是海水漲潮，已經置身海裡的人，卻不能再丟鉛球。仍然對鉛球執迷不悟的人，只能深墜海底。

這次選舉，我看到許多年輕的參政者以及他們組成的兩個政黨，在資源、人力、經驗都不足的狀況下，以不同於過去的思維、方式和節奏來傳達這些訊息。

而這次只是一個開端。

◎

《大航海時刻》的內容，有三部。

第一部〈別在海裡丟鉛球〉，我寫的是台灣今天面對的結構性困境的由來、政治在其中的角色和作用、這次選舉國民黨和民進黨勝負的根本原因，以及選後我們亟須解決的緊急課題。

第二部〈浪潮洶湧〉，我寫的是透過這次選舉所浮現的台灣新的政治浪潮、浪潮在訴求的方向、一些已經引人注目的新生代人物，還有一些尚未為人知但令人鼓舞的主張。

第三部〈風浪巨大〉，我寫的是配合新時代的到來，我們在產業、企業，甚至個人工作上可以創造的新可能，以及即使不直接參政，但每個人仍然應該也可以持續關心政治來改造未來的原因。

這本書是延續我的前一本書《如果台灣的四周是海洋》。《如果台灣的四周是海洋》是拉大時間與空間的範圍來探索台灣的處境，再細看二十年內決定滅亡或新生的黑暗與光明的可能。《大航海時刻》則是聚焦於二〇一六年的選舉，從選舉裡浮現的人物和事件，來思考台灣正在發生與尚未發生的變化，以及變化所可能帶來的機會。

可《大航海時刻》並不是從一開始就規劃要寫的書。

◎

很多人好奇我爲什麼會在這次選舉投入心力，花了三個多月時間訪問時代力量和綠社盟二十八位立委候選人，甚至最後關頭還去當了其中一位的志工，一起街講。

一個原因是去年《如果台灣的四周是海洋》出版後，我想持續我的拼圖，追求一個問題的謎底：我們的國家到底怎麼了？到底出了什麼問題？該如何尋求解答？

尤其，書裡有一章是〈被遮住希望的年輕人〉。台灣今天從政府到社會各個層面都出現複雜而糾結的問題。但這些問題其實都指向一個焦點：年輕人沒有出路。政治上的、工作收入的、創業的、生存環境的、負擔上一代的年金與照護的、自己成家生子的，各種出路都沒有。

而年輕人看不到希望的國家，是沒有希望的國家。

我相信這些年輕的參政者，不論是基於切身感受，還是有志於當「民意代表」，一定有他們對這些問題的觀察和思考。因此訪問他們，有助於我繼續探索問題的謎底。

這段時間下來，他們的確拓廣我對台灣更多問題的認知、提供他們各自思考答案的線索，讓我對未來有了更多充滿希望的想像。

另一個原因，應該說是和我的心理年齡有關。

我的生理年齡，今年滿六十歲。但是基於我十八歲那年來台灣，在一個雨夜出了松山機場的心理印記，我的心理年齡，就一直停在那一刻了。

十八歲的心理年齡，讓我不時惹上麻煩。譬如，容易激動，喜歡直白，經常在應該選擇退後一步比較安全的時刻，我卻選擇站前一步，不惜受傷。老成的人，講順勢而爲，趨吉避凶，我卻經常拋在腦後。

但十八歲的心理年齡也讓我總是對這個世界充滿好奇。寧可選擇懸崖險徑也不走安全的平路，讓我有機會享受蹤躍的快感，觀覽平地難見的瑰麗風景。並且，不論現實的風雪多麼猛烈，我可以讓自己瞇得睜不開的眼睛看到遠處溫暖的光亮——雖然其中很多是幻覺。

所以那個奔波訪問這些年輕世代參政者的人，當二十四歲立委參選人曾柏瑜的志工，跟她在雨中一起街頭短講的人，不是別人，就是另一個才十八歲的小毛頭。

看著一群年輕人在資源、人才、經驗都付之厥如的狀態下，即使冒著風險，甚至明知不可爲而爲地參選，一個同感激動的小毛頭。

所以，決定要把《大航海時刻》寫出來，是在選後的事。

我想把那個十八歲少年的筆記整理出來，一方面是爲他所看到那麼多奮起於這次選舉的年輕人做個紀錄，一方面也是想爲自己這兩年半時間的旅程告一個段落。

新的政府、代表新民意的國會，都已經誕生。一些爲數雖然不多，但代表年輕力量的新生代參政人物嶄露頭角。許多這次雖然沒有當選的年輕人，也已經在選舉結束的第二天就開始行動，繼續耕耘未來。

新的政治，將由新的年輕世代推動改革。

這份筆記，雖然許多思索仍然缺漏不足，但還是有可能爲其他也在思考台灣的未來而拼圖的人提供一些碎片。

而我，在這個段落之後，要繼續自己原先設定的大航海了。因此，寫這本書也是對我自己接下來航程的提醒。

感謝這段時間所有協助、指教我、幫助我看到台灣那麼多新希望的人。

目次

第二部

浪潮洶湧 64

第三部

風浪巨大 206

第一部

別在海裡丟鉛球

Don't Play Shot Put in the Ocean

鉛球和兩個現實

現在發生在台灣的，是兩個不同世代的價值觀之爭。要解決結構性的困境，不可能只靠國民黨和民進黨之間的政黨輪替。

一個人在陸地上成長，會被要求具備陸地上的運動本領：跑步、跳高、跳遠，再逐漸加大強度，跑馬拉松、練十項全能，還要會丟鉛球。

他也會這樣要求、訓練自己的下一代，告訴他們要吃苦，要頂住，要不斷地加大鉛球的重量。多少年來，大家都如此。

但是忽然有一天，他發現海洋水位升高，原來是陸地的許多地方現在不見了。過去他會的本領，跑步、跳高、馬拉松都派不上用場了。

海裡，不但不能丟鉛球，他那原來越練越重、引以爲傲的鉛球，會害他沉沒。直線下降地沉沒。

◎

今天台灣的情況，就是這麼一個畫面。

幾十年來，我們的政治、經濟、教育水準等，都有別人肯定、自己也自信的發展。所以現在遇上窒礙，很多人還是會沿用過往的經驗和思路，呼籲大家要吃苦、要頂住、要拚命。

然而，如果現實是我們不再像過去那樣立足在陸地，已經置身於水位升高的海洋裡了呢？所有要繼續以過去的思路來解決現在及未來的問題，會不會像是到了海裡還要大家練十項全能，不斷地加大鉛球的重量？

以大家最關心的經濟來說好了。

台灣的經濟持續低迷，政府官員一直把拚經濟、拚出口掛在嘴邊，持續重彈貶低匯率、減稅、房地產是火車頭工業的老調。

他們可能忘了：如果這些眞是解方，我們已經用了很久，今天不應該走到這個田地。

進入大選期間，我們看到很多工商大老對總統候選人進行面試，強調要把經濟拚好。還有人主張要開出指標，每半年就追蹤一次等等。

他們可能不知道：我們經濟的病症不只一端，而是重病糾纏。要下猛藥，不只欲速則不達，更可能混沌病情，承受不起。

還有些工商界大老，剴切地陳述事實，講出台灣的六缺：缺水、缺電、缺工、缺地、缺人才，再加嚴重「缺德」，因此形成投資不足的問題。

他們可能搞錯了方向，倒果爲因：台灣今天的六缺，不是要解決的因，而是幾十年來積重難返之果。

◎

我們需要面對現實——兩個現實。

第一個現實：我們遭遇的，是一個種種老舊思維與習慣，所造成的結構性困境。政治、經濟、生態、社會、教育、兩岸關係，每一個領域都有過去幾十年積累下來，到今天終於窒礙難行的問題。

我們的政治，從威權時代遺留下來的問題，到解嚴後疊床架屋新生的問題；從禁忌的遊戲演變爲權貴的遊戲，已到了瓶頸。

我們的經濟，相信製造業、機器設備、代工、大企業，已經沒有新的下一棒可跑。

我們的社會，畸形的土地政策形成政商勾結的溫床，不只扭曲了投資、喪失了居住正義，連基本的農業都被破壞。

我們的生態環境，長期只是配合經濟的成長需求、大企業的開發需求，累積的污染、破壞已經使下一代無法生存。

我們的教育，應試教育培養出遵守標準答案的好學生，符合過去統治階層的政經需要，卻不是今天的新生世代所能接受。

我們的兩岸關係，一直是中國背景主導。從反攻大陸，到現在倚靠大陸；從過去強調要學習中國的歷史文化，到現在強調要掌握中國的錢脈和人脈，始終把對岸當主體，結果激起的反作用越來越大。

就縱向來說，各個領域的問題都各自積累到了臨界點，再也沒法像過去一樣將就、拖延下去；就橫向來說，各個領域的問題又相互影響、相互交纏，形成死結。

這就是我們面對的結構性困境。過去世代的價值觀所演化出來的結構性困境。

◎ 過去幾十年，在各個領域的發展上，都有站在當權者對立面的異議者。但這些異議者的身分各自不同，彼此往往無暇也無力相互呼應、串聯。

但今天，不但各個領域都有新生的異議者，並且他們之間因為一個新的身分出現，彼此得以相互呼應、串聯。

這個新的身分就是年齡線。大致以三十五歲為界的年齡線（細看的話，三十歲以下和三十五歲之間還有些差別。請參閱本書〈沒亮相的第28人：林少馳〉那一章）。

這條年齡線以下的人，和之上的人相比，他們看到的問題、承受的問題不同，他們要求的解方也不同。

對於政治，他們不但要求透明、開放，更要求窒礙難行的憲政體制能有大刀闊斧的改革。

經濟，他們要求別再追捧大企業，不迷信半導體、電子業，也不只是要求傳統產業要有新的升級和轉型，更要求以網路、軟體來解放個人創業的新可能。

土地，他們要求不要成為炒作財富的工具，不要成為破壞居住正義和財富分配不均的元凶。

生態，他們要求在經濟高度發展主義和生存環境之間做出抉擇，追求人與自然的平衡和諧。

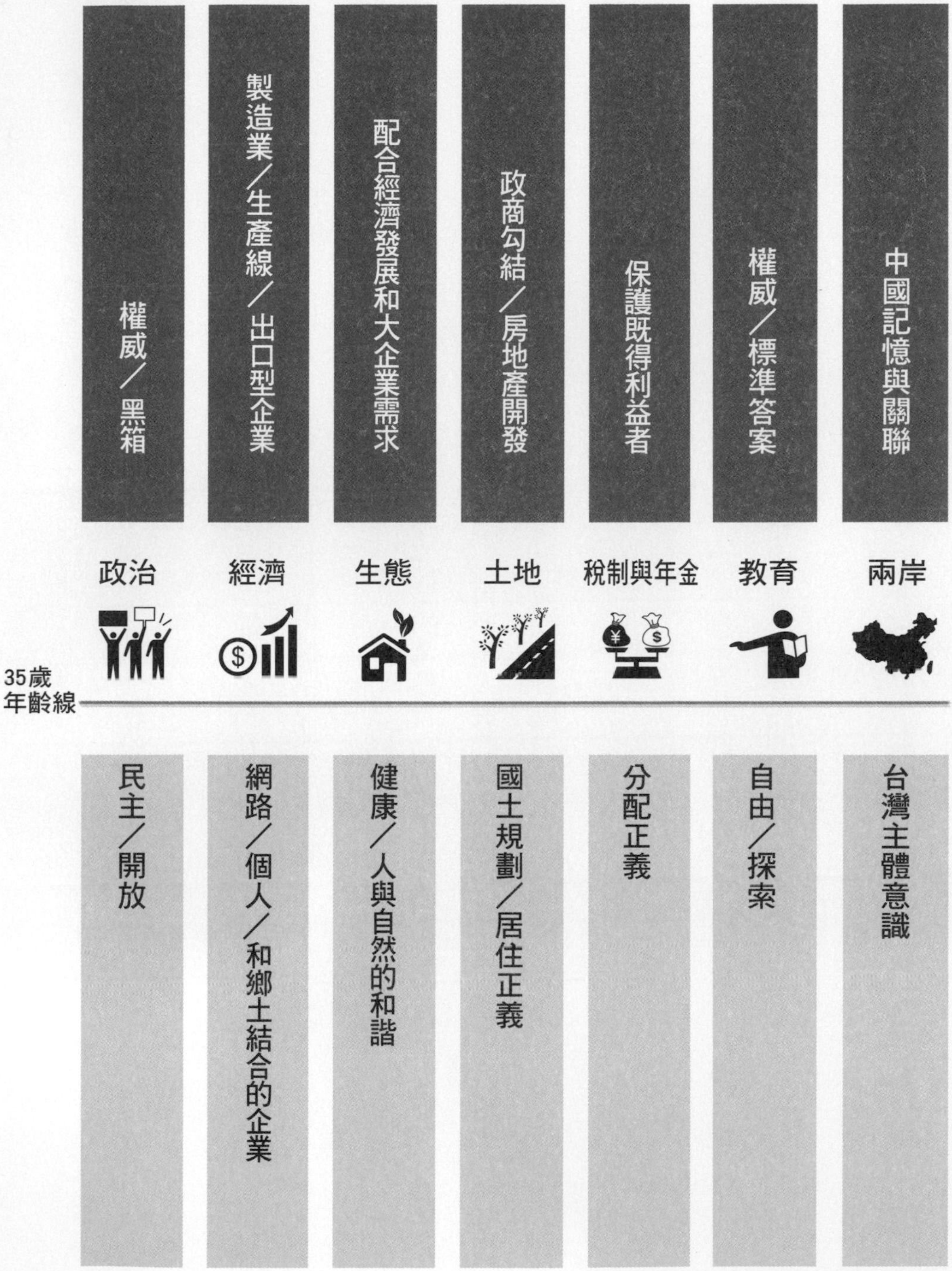
權威／黑箱
製造業／生產線／出口型企業
配合經濟發展和大企業需求
政商勾結／房地產開發
保護既得利益者
權威／標準答案
中國記憶與關聯
政治
經濟
生態
土地
稅制與年金
教育
兩岸
35歲
年齡線
民主／開放
網路／個人／和鄉土結合的企業
健康／人與自然的和諧
國土規劃／居住正義
分配正義
自由／探索
台灣主體意識

林宜德繪

教育，他們要求擺脫政治力量、權威體制的束縛，個人可以自主地學習、探索。兩岸，他們要求不論關係如何發展，絕對不能不保護台灣主體意識。

他們不只在各自的領域裡抗爭，更因爲年齡線而相互呼應，串聯成另一種新的力量。可以說是新的力量形成新的價值觀，也可以說是新的價值觀形成新的力量。

所以歷史將記住：二〇一六年發生在台灣的選舉有一個分水嶺的意義。在這之前，台灣都是先有政黨，由政黨來決定經濟發展的路子，再形塑人民的價值觀。但是從二〇一六起，台灣的年輕世代企圖以他們的價值觀來形成政黨、形成經濟發展的政策、推動國家的改革，並鼓動越來越多的人參與政治。

所以，我們要面對的第二個現實是：現在發生在台灣的，是兩個不同世代的價值觀之爭。要解決結構性的困境，不可能只靠國民黨和民進黨兩黨之間的政黨輪替。

國民黨代表了整個舊世代的價值觀，民進黨其實也薰染了其中大部分。這兩黨在這次選舉裡之所以呈現反差很大的勝負，主要因爲國民黨不但代表了老舊的價値觀團塊，還企圖持續主導這個老舊價値觀團塊的存在。

換句話說，國民黨更迷信鉛球的重量，到了海裡還一心只想揮舞鉛球。而這次選舉只是個開端。

接下來，不只國民黨有沒有機會從海底浮起，得看他們是否要丟掉一直綁在身上的鉛球，民進黨也要學習、明白，到了海洋裡，不要再丟鉛球。

畢竟，海水在持續上漲中，三十五歲年齡線以下的價値觀會是持續揚升的、擴大的。

揚升的力量之一：野草莓

二〇〇八年陳雲林來台的國旗事件，引發野草莓學運。解嚴後出生的世代接受攸關國家主權意識的政治洗禮。

野草莓學運學生在自由廣場舉行 2008-09 年跨年晚會。 圖片來源：《自由時報》（方賓照攝影）

揚升的力量之二：反國光石化

二〇一〇年，在馬政府全盤接受扁政府時代催生的國光石化之後，新世代參與生態與環保抗爭，並形成學生運動的集結模式。

2011 年 4 月 21 日，環保署進行國光石化第五次專案小組環評會議，彰化縣居民在場外抗議靜坐。 Tony Huang 攝影

揚升的力量之三：反媒體壟斷

二〇一二年，媒體可能受財團及對岸影響的雙重疑慮，激發學者與學生、社會各界集結，訴求不受壓抑也不受扭曲的言論自由。

2012 年 9 月 1 日反媒體壟斷大遊行。 Beatniks 攝影

揚升的力量之四：大埔案

二〇一三年，大埔事件，暴露政府土地政策及其背後分配正義、居住正義的重重問題，八一八拆政府行動中，學生帶頭佔領內政部，爲日後佔領國會預演。

2013 年 8 月 18 日學生和民眾到內政部「拆政府」。黃謙賢攝影

揚升的力量之五：洪仲丘

二〇一三年，洪仲丘案，激發年輕世代超越政黨意識的大規模集結，對人權、司法、政府黑箱要求改革。

2013年8月3日「萬人白T凱道送仲丘」。 黃文彥攝影

揚升的力量之六：太陽花

二〇一四年，延燒了八個月的反黑箱服貿，導致張慶忠半分鐘事件，激發三一八運動，學生佔領國會，終於把多年來各種學生運動及社會運動做了一次總集合。

2014 年「330 捍衛民主、退回服貿、人民站出來」活動在凱達格蘭大道集結。 圖片來源：《自由時報》（羅沛德攝影）

揚升的力量之七：反課綱

二〇一五年，反課綱事件，年輕世代自主意識的覺醒年齡再往下探，延伸到中學生，要求教育不受過去世代的意識形態所影響。

2015 年 7 月 30 日反黑箱課綱的學生闖入立法院大門前廣場。 黃文彥攝影

國民黨之敗

兩個戰略錯誤。八年時間裡，國民黨鞭打著驅趕了幾近六倍年輕人到對手陣營，自己則綁著鉛球沉入海底。

這次大選，國民黨大敗之後，各種討論原因的聲音不少。可以確定的是，周子瑜事件並不是兩顆子彈。因爲事後已經有數據顯示，周子瑜在總統票上的影響不過五十萬票而已。而朱立倫輸的是三百萬票。

至於馬英九個人風格、有爭議的政策、換柱風波的影響，以及對包括王金平在內的不分區名單的不滿，甚至不夠「本土化」等，其實都是戰術面的問題。

八年前發生陳雲林國旗事件，八年後發生周子瑜國旗事件，有始有終地標記了國民黨政府在國家主權意識上的失能。圖片來源：作者提供

◎ 國民黨最大的問題，出在戰略面上。

第一個錯誤，是國民黨無能解決國政上各種積重難返的問題，就想轉移焦點，以兩岸關係和民進黨對決。這和八年前陳水扁政府後期是同一類思維邏輯。

陳水扁政府受困於貪腐問題，不惜把國家推到烽火邊緣也要打統獨對決的牌。馬英九自傲於改變局勢，使台灣海峽趨於「和平」，一直以此來強調國民黨兩岸政策的貢獻，卻不知自己另有盲點。

從馬總統一上任的二〇〇八年陳雲林來台，國民黨政府在他經過的路線上把中華民國國旗清除，並且警方和手持國旗的民眾發生衝突開始，這個政府的兩岸政策就開始遭到強烈質疑，也成爲解嚴後出生的年輕世代反國民黨的起點。

馬總統自傲於打開了陳水扁時代的「鎖國」，但沒注意到他也把台灣一路鎖進了中國；他自傲於避免了台灣海峽的烽火，卻沒注意到當政府無能於護衛自己國家的主權意識的時候，誇耀「和平」的紅利會令人感到屈辱。

馬英九政府和陳水扁政府一樣，都迷信「統獨提款機」，都以爲自己執政無方的時候，可以使用「統獨提款機」來找到支撐。兩人只是使用的方向不同。

而歷史，則公平地前後兩次顯示了「統獨提款機」之虛幻。

第二個戰略錯誤，是國民黨政府在處理政治、經濟、社會、生態、教育、兩岸等各個領域積重難返的問題時，都沒有發現自己站在年輕世代的對立面，更別提考慮到年輕世代的感受。至於聆聽他們的意見，做出相對應的調整，當然也就更不可能。

因此，我們看到一幅很詭異的景象。

八年前，在陳水扁執政的末期，台灣許多年輕人是以反民進黨爲時尚的。但是在馬英九接下

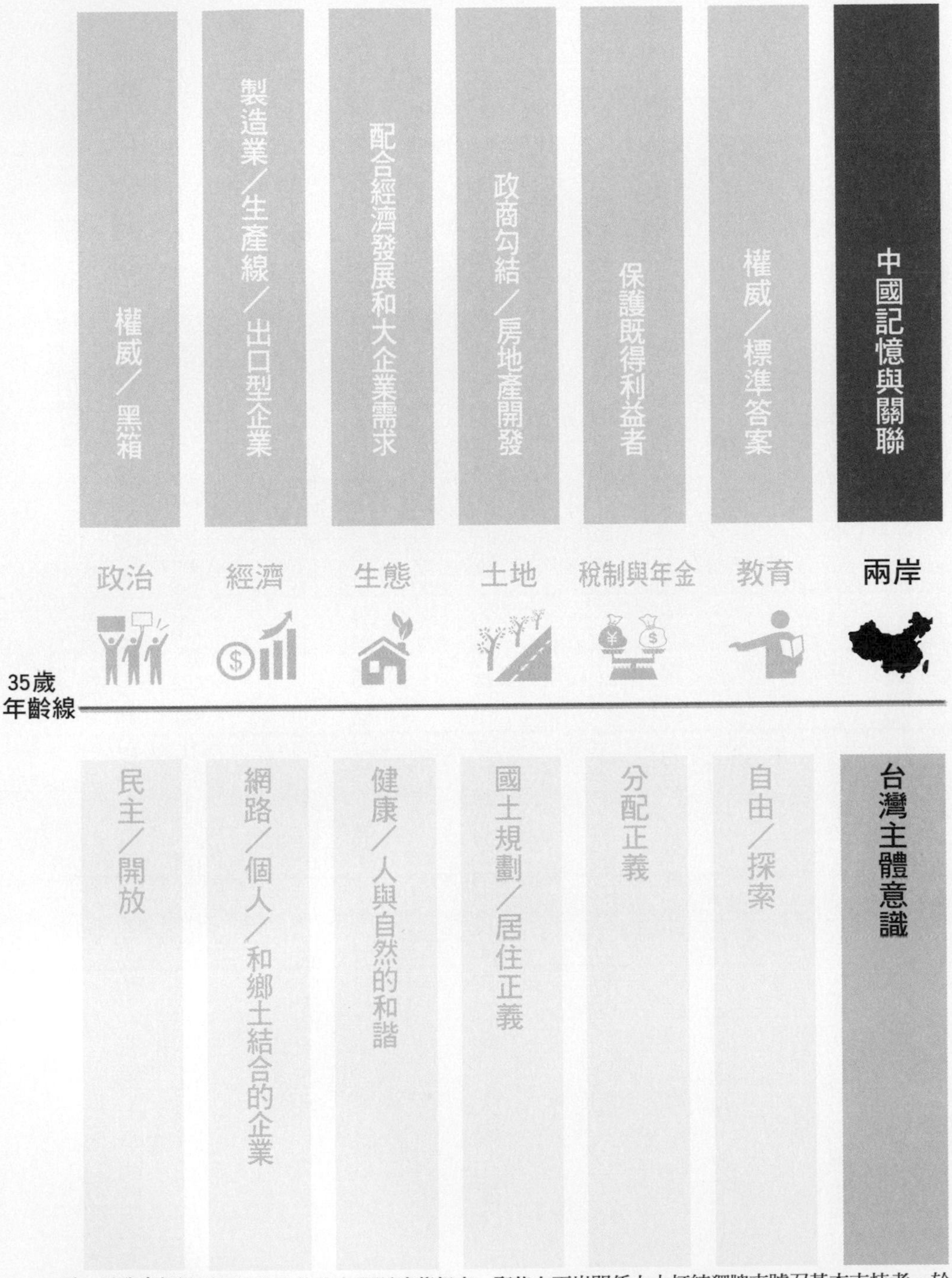

扁、馬政府都曾經把治理上的許多問題遮蓋起來，聚焦在兩岸關係上大打統獨牌來號召基本支持者。於是這一邊把「中國記憶與關聯」和「統一」畫上等號，那一邊把「台灣主體意識」和「獨立」畫上等號。只是 2008 和 2016 兩次都證明，濫用「統獨提款機」是要付出代價的。

來的八年執政，卻一路扭轉情勢。

幾乎可以這麼說，年輕世代不論在國家、經濟、社會等各個領域裡的哪一塊提出不同於過去世代的主張，國民黨政府都會「巧妙」地把這種衝突轉化為兩岸關係的議題，然後再歸之於民進黨的慫恿和鼓動。

所以，國民黨政府在世代價值觀的對立中，不但站到了年輕世代的對立面。並且，對立猶恐不及，還把年輕人驅趕到對手民進黨的陣營。驅趕猶恐不及，還鞭打著驅趕。

這種鞭打著驅趕年輕人的效果到底有多大呢？

我寫《如果台灣的四周是海洋》的時候，台灣青年氣候聯盟的張良伊告訴我，太陽花學運刺激了六倍的年輕人參與公民行動。

二〇一六年選舉國民黨大敗之後，國民黨內新生代改革派發起的草協聯盟的發起人之一徐巧芯，則透露了她觀察到年輕人支持國民黨的比例：百分之五。

一個政黨能在八年時間裡，鞭打驅趕出六倍年輕人中的百分之九十五到敵對陣營，效果不能不說驚人。

但是國民黨到目前為止，顯然完全不知道自己做了什麼事情。一一二九的大敗，只讓他們檢討到說是不懂網路世代的語言；一一六的大敗，只讓他們檢討到說是不了解年輕人。

◎

現在，國民黨帶著綁在身上的鉛球沉入了海底。但接下來，他們到底是要繼續抱著鉛球當成自己的救命法寶，還是體會到放開鉛球才能得到浮出水面呼吸的機會，誰也不知道。

照選後黃國昌的觀察（請看本書第一二〇頁），國民黨目前還剩有最後一次浮上來的機會，只是要不要把握，還是要看他們自己。

至於我，如果勢必要給國民黨什麼建議，我會說兩點。

第一，國民黨不要再敵視「台灣主體意識」，並且直接將之與「獨派」畫上等號了。（這兩者不該畫上等號，和「中國記憶與關聯」不該直接與「統派」畫上等號的道理是相同的。）即使那些主張「統一」的人也該想想看：如果沒有「台灣主體意識」，你到底是以什麼立場去和對方談判統一？

第二，也不要以爲光講一句「本土」就是解開鉛球的咒語。國民黨應該看清今天台灣實際面對的是一場不同世代的價值觀之爭。他們被反對的，不只是打錯了「兩岸關係」那張牌。他們還是太多形成今天瓶頸的那些老舊價值觀的代言人，太多糾纏成死結的問題的發端者。

他們要眞正擺脫鉛球，必須先打開掩蓋那些問題的遮罩，深刻地思考自己的所來與所去。

民進黨之勝

雖然大勝，但他們自己也帶著一些鉛球。過去，民進黨可以辯解那是被對手所拖累，現在完全執政之後，也到了要和鉛球告別的時候了。

二〇一六的大選，雖然在總統選舉國民黨大輸蔡英文三百萬票，並且國會全面輪替更是台灣民主發展歷程上的新里程碑，但是整個選舉過程都很冷。

選後，政治觀察家林濁水把二十多年來二十四次中央地方選舉依投票率高低排比，做了一個表。照這個表看，這次雖然是總統立委合併的選舉，投票率卻只有百分之六十六點二，在二十四次選舉中排十九，倒數第六。依據TVBS選後兩天的調查，周子瑜事件的催票效果是百分之四。如果扣除這個事件的影響，投票率更可能降到百分之六十二點二，成為倒數第三。

林濁水說，選情太冷，「不只藍的不出門投票，連綠的也不踴躍投票，上次蔡在總投票人口中拿了六百零九萬票，佔百分之三十三點六八，這次增加八十萬人，成爲百分之三十六點六九，只增加百分之三點零一，如果少了周子瑜衝擊出來的百分之四，甚至變成百分之三十二點六九，反而比二〇一二年還少了一些些。」

更有意思的是，選後台灣智庫也做了個調查，顯示了另一件事。那就是民進黨的支持度，由

二十四次中央地方選舉依投票率高低排比

	中央地方選舉	年份	投票率
1	總統	2000	82.69%
2	直轄市長	1998	80.72%
3	總統	2004	80.28%
4	直轄市長	1994	79.22%
5	國大	1996	76.42%
6	總統	2008	76.33%
7	台灣省長	1994	76.15%
8	總統	1996	76.04%
9	立委	2012	74.72%
10	總統	2012	74.38%
11	直轄市長	2010	71.71%
12	直轄市長	2002	70.88%
13	立委	1998	68.31%
14	立委	1995	67.81%
15	九合一	2014	67.59%
16	縣市長	2001	66.45%
17	縣市長	2005	66.35%
18	立委	2001	66.31%
19	總統	2016	66.20%
20	縣市長	1997	65.92%
21	直轄市長	2006	65.75%
22	縣市長	2009	63.34%
23	總統	2016	62.20% 扣除周子瑜衝擊
24	立委	2004	59.35%
25	立委	2008	58.72%

資料來源：整理自林濁水文章〈周子瑜的衝擊有多大〉。

選舉結果的百分之四十四點六，跌回投票前十天的位置，百分之三十五點六；時代力量的支持度，則由選舉結果的百分之六點一一，升高到百分之十九點四，成爲超越國民黨的民意第二大黨。

所以，林濁水指出，儘管民進黨大勝，「這些複雜而劇烈變化的意義，首先是對民進黨放出了強烈的警訊。」而他的結論是：「這些數據都說明了蔡英文大贏的內容並不是那麼扎實穩妥。將來必須在政策的開創力上大幅強化，施政才能順利。」

我同意他的看法。

◎

面對台灣今天各個領域發展累積到臨界點，而又形成世代價值觀衝突的問題，民進黨身爲在野黨，起碼到這次選前，並沒有提出令人耳目一新的方向。

事實上，在許多方面，民進黨和國民黨一樣，也是老舊世代的思維和習慣，站在新一代的對立面。

選前綠黨的共同召集人李根政就說，雖然經歷了兩次政黨輪替，並且國、民兩黨在人權和女性議題上有所不同，但是這兩個黨在經濟上都是向財團靠攏的開發主義。

以民進黨新當選總統的蔡英文而言，去年她說台灣勞工放的假太多，被抨擊是向財團靠攏的

2016 大選，蔡英文雖然大贏，「內容並不是那麼扎實穩妥」。 黃謙賢攝影

發言，最後以她在臉書道歉收場。

但蔡英文更值得被檢視的，可能是像國光石化的這種案子。

二〇〇八年國民黨重新執政，國光石化鬧出很大風波。林飛帆說，是國光石化那一役，讓學生摸索出一種抗爭模式，並持續應用、發展在日後的各種運動裡。

但是激發這麼大影響的國光石化案，其實是民進黨執政時期所提出來的。

資深媒體人王健壯曾經寫過一篇文章，提醒大家「二〇〇六年三月二十七日，九位環評委員發表共同聲明，抗議行政院多次放話支持特定開發案，並公然批評環評是經濟發展絆腳石；他們譴責政治凌駕專業，要求行政院立即停止行政干預環評審查機制」，說這是環評審查制度史上首次環委集體抗議事件。他們抗議的焦點，是蘇貞昌內閣，和國光石化在內的三個案子。

而當時的行政院副院長蔡英文，更是民間抗議的焦點。並且，事隔一年後，有六位環委再度集體抗議行政院，因為蔡英文主持的財經小組在討論國光石化與台鋼案的時候，曾對環評時程表達不滿，認為「非常不合理」，說她難以接受，並給環保署提了許多要求。所以，六位環委「要求行政院財經小組不要給環保署壓力，也不要介入環評會議，更別為了替財團排除開發障礙，而要求簡化環評程序，限縮環委的審查範疇，甚至把妨礙經濟發展的大帽子扣在環委頭上」。

只是國民黨上台後就全盤接受國光石化案，把原來民間抨擊民進黨政府以及蔡英文的壓力，全部移轉過去，而當時被環委抗議的對象，「搖身一變從被抗議者變成了抗議者，甚至還成為反對這兩項開發案的領導者。」

在那篇文章的結尾，王健壯指出，「綠營當年的那批『開發派』，除了蘇貞昌曾略表歉意外，沒人為自己的昨是今非致歉。」他還特別點名指出「尤其是蔡英文」（王健壯：〈換位子不能換掉了歷史〉）。

◎

民進黨因爲在經濟上有著和國民黨同樣都是向財團靠攏的開發主義，因此過去不論在中央或地方政黨輪替，都上演過換了位置就換腦袋的戲碼。

中央的例子有湖山水庫。一九九五年國民黨規劃的湖山水庫爭議很大，可民進黨一上台就還是通過興建，期間經環保團體不斷抗爭，還是蓋了。

地方的例子更不少。一一二九，台中選民支持林佳龍上台，把胡志強淘汰了。但是胡志強要硬推被大家擋下的豐勢快速道路，在林佳龍上台後輪到他要來強推，以「一個案子兩種環評」把工程分成五個標案，引發新的抗爭。

一一二九，桃園選民也支持鄭文燦上台，把吳志揚淘汰了。但是一直在幫航空城居民抗爭的王寶萱跟我說，鄭文燦當選桃園市長後，好處是他辦了預備聽證，今年二、三月又要做行政聽證。但問題是：除此之外，沒有看到任何改變，尤其是徵收範圍還是一樣浮濫。而鄭文燦在選前說要查的弊案，當選後還都不見下文。所以他們要進行下一階段監督。

因此，這次選舉，蔡英文雖然也端出了許多菜，但是這些菜到底是否代表民進黨爲台灣提出了什麼新的解方，恐怕還得觀察。去年年底第一次總統候選人電視辯論之後的一份民意調查，可以參考。

那份民意調查是兩岸政策協會公布的。調查發現，二十到二十四歲的首投族群，收看那場電視辯論會的比率高達百分之七十四點六，在各個年齡分層中最高。但是辯論會後，這些首投族對蔡英文的支持度驟降，足足掉了百分之三十七。由此可以覺察，蔡英文所端出來的菜，和年輕世代所期待的可能還有一些差距。

◎

選後，我問林濁水，他認為民進黨和蔡英文提出了什麼新的、開創性的政策。他說沒有。「但蔡英文有穩住民進黨隊伍的功勞。」他說。

回顧這場選舉，有些很有意思的場景。譬如，很多人說，因為戰況的過早一面倒，蔡英文這次選舉是躺著選。但蔡英文自己否認，事實也當然不是。她南北奔波。

但是如果用一幅戰爭場面來看的話，蔡英文這位將軍很忙碌，但忙碌的根本不是在出擊。對執政黨一些重要的、爭議性大的政策，她沒有發動在野黨該有的挑戰。她的南北奔波，大部分時間只是不斷地巡視部隊，加強工事，鞏固陣地，再收編一些敵方的鄉紳資源。

因為，事實證明，只要她能守住這些，就會看到對方不斷放火燒自己的糧草軍馬，再不斷把年輕的兵員源源不絕地鞭打著驅趕過來，然後再綁著鉛球自沉海底。

這眞是一場奇特的選戰。

有一位網友在我臉書上留言，爲民進黨這次的勝利下了另一個註腳：

「對於民進黨很多的不作為其實很不爽

但是目標還是要先解決國民黨

所以並不是多認同民進黨

只是這是打垮國民黨最快的選擇

看總統跟政黨支持票的落差數量就能理解這個概念」

希望民進黨也能覺察到，他們自己也帶著一些鉛球。過去他們可以辯解那是被對手所拖累。現在對手已經綁著鉛球沉到海底了。完全執政的民進黨，也要和自己的鉛球告別，用新的立場和立法來處理緊迫的課題了。

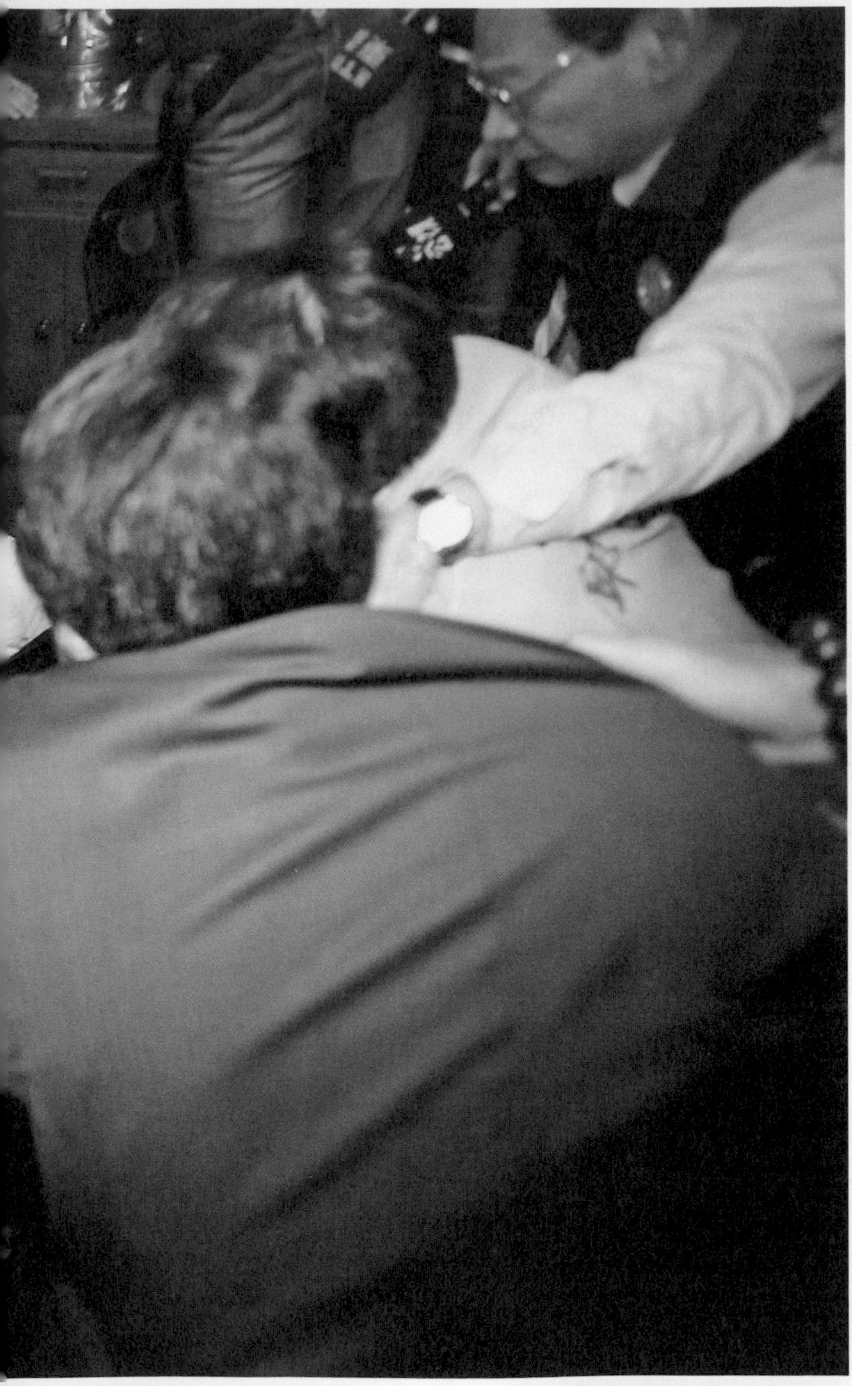

緊迫的課題一：憲政改革

長期支離破碎地對待一部與現實脫節的憲法，使我們的國家體制及治理方法都難以為繼，成為一切問題的根源。

張慶忠為了使服貿協議強渡關山，引爆「半分鐘事件」，突顯了國會運作及憲政體制都必須改革的課題。 鄭信漢攝影

緊迫的課題二：經濟發展與生存環境的抉擇

過去總是追求經濟發展，力拚經濟至上，Cost Down 至上，不惜把生態與環境受到的破壞當作代價。現在來到臨界點。中南部的空污終於蔓延成全國問題。北部的核廢料堆積，也無法再迴避。

2015 年 11 月 13 日中午的台中高鐵站的天空。當天中南部的 PM2.5 飆高，早上 10 點半時，有 7 個監測站來到「紫爆」等級。圖片來源：作者提供

緊迫的課題三：空洞的產業與畸形的土地政策

長期倚賴製造業、代工、出口，台灣經濟失去主動升級、轉型的機會，更不要說是發展出新的軟實力。畸形的土地政策不只破壞農業的發展，也使得房地產業成為吸納國內投資的黑洞，進一步拖遲新經濟的出現。

桃園遠雄合宜住宅案向葉世文行賄的地之一。這塊合宜住宅實際需地 10 公頃左右，但是政府卻徵收 236 公頃。何經泰攝影

緊迫的課題四：分配正義與世代正義

大量的政策及租稅方案偏頗照顧大財團、出口型企業、海外代工居多的半導體及電子業，造成貧富不均及長期薪資水準倒退。年輕人不但在成家、立業、居住上都面臨之前世代所沒有的巨大壓力，還要承擔高齡化社會產生的照顧壓力，及前一代不公平年金制度所產生的經濟壓力。

2016 年 1 月 9 日於帝寶豪宅前的街友活動。 黃文彥攝影

自噬之蛇、80／20

《如果台灣的四周是海洋》第一章，我寫〈救世主改善不了的行政崩壞〉。我以實例來說明政府目前行政崩壞的情況，並整理了幾大肇因：戒嚴時期就遺留下來的歷史問題、凍省造成中央與地方治理環節消失的問題、兩次政黨輪替造成的問題，以及行政院組織改造及六都改制並行所造成的新問題。

這些問題沒有解決，整個政府像一部沙漠裡解體的汽車。換一位新總統，像是換一位新駕駛。就算新的駕駛對要去的方向和目的地都能侃侃而談，但是開一部解體的汽車？

要解決這些問題，有需要動一些根本性大手術的地方，譬如憲政體制的釐清；但也有一些行政部門必須緊急處理的地方。否則，我們就要在沙漠裡乾涸至死。

◎

大約從民進黨第一次執政開始，行政部門就把許多工作以競標方式外包給民間，或者中央政府的許多工作以競標方式讓地方政府承包。這些競標，為了公開公平，評審委員中都納入來自民間的專家學者，而官方的代表也越來越不敢輕易影響這些民間評審委員的判斷。

但是，這些原本立意可能良好的辦法，十幾年來隨著政府文官體系的癱瘓，越來越多政務官不負責，事務官不作為，出現許多問題。

首先，政府計劃（包括重大計劃）的決定權，逐漸取決於人數往往不過三、五人，每人每次領取區區兩、三千元微薄出席費的民間評審委員手中，有結構性的不合理。

第二，為了避免官方操控，這些民間評審「有的人可能是政風單位亂數隨機挑來的，有時對於計劃實務根本不理解，變成都在打高空。」一個服務於公家機關的人跟我說。當然，許多評審確實是專家，但有的評審樂於與人為善，不想過份要求；有的評審又會過於針對性地挑剔，另成爭議。

第三，這些評審過程，都以保護評審人員的個資為名不公開。所以政府計劃的決策也就連帶形同黑箱，沒有人為之負責。

第四，沒有人負擔決策責任的計劃一旦實際啟動，當然也就不會有人真正負責追蹤、督導、考核。評審參加的只是期初、期中、期末三次會議，往往到了最後關頭看出問題，在時間壓力下也難以修改。

結果對政府部門來說，這些計劃往往只求能夠結案就好。而評量結案的焦點，就是審計單位按表操課地驗收計劃標案裡所訂的報告及種種數字指標。「偏偏那些指標經常都是資源平均分配的數字遊戲而已。」告訴我的人說。

◎

有一天我看一段動物影片，有一頭蟒蛇錯把自己的尾巴當成獵物，掙扎著要一口口吞下去。

政府部門裡沒有人負責的評審過程中所決定的報告及數字指標，回過頭來成為評估他們績效的最重要根據，很像是這「自噬之蛇」。

新的政府可能無法說政府計劃都不再開放競標。但起碼有一些事情可以做：

第一，各個標案要公布評審身分。

第二，評審不能只在審查、期中、期末報告時才出現，必須以輔導團隊的形式，在計劃執行過程中擔任隨時諮詢的顧問角色。

第三，公布所有評審會議的過程和結論。

當然，相對應的，必須給民間評審更相襯的榮譽感及報酬方式。否則我聽很多當過評審的人都說，「為那一次兩、三千元的出席車馬費，犯得著嗎？」

這樣除了讓政府計劃的決定公開透明，符合趨勢之外，還可以有兩點作用：

首先，讓政府部門的相關主管也負應負之責，不能把計劃的決策責任全都推搪給不公開的過程和民間評審，也不能只求滿足審計部要求的報告和數據。

再來，民間評審也可以為自己的評斷及專業榮譽負責，並能更實質地對這些計劃參與督導。

◎

在今天政府要處理的問題如此之多，公務人員需要調整的工作方法如此之眾，時間及資源卻又如此之少的情況下，施政不可能面面俱到，也不該一律資源平均分配地對待，以免備多力分。

我會建議使用「80／20原則」。也就是說，從諸多要處理的問題裡，選擇其中百分之二十當重點，然後投入百分之八十的資源來改善。

這不只是為了釐清施政的重點，以及安排資源的使用，也是為了改善那「自噬之蛇」。

今天行政崩潰，冰涷三尺非一夜之寒，不論用什麼方法，也無法全面立即改善行政部門及公務人員的工作方法和心態。

政府各級首長在80／20原則的施政中，對於自己的下屬自然也會使用80／20原則來管理。換句話說，對於百分之二十的下屬會用百分之八十的時間來督導、追蹤與考核。先從局部來改善重點政策中的重點人員的工作心態和方法，這局部就會產生帶動效應。

第二部

浪潮洶湧

Surging Tide: A New Political Force

新政治力量的運作：社運與政黨的四個象限

橫軸從社運到政黨，縱軸從理想到現實，可以畫出四個象限來觀察兩個新政黨在這次選舉的位置，以及和選舉結果的關係。

To Be or Not to Be. 看來，對參與社運的人來說，要組政黨，或者以政黨來參與選舉，有很大的掙扎。

◎

我先是聽許多有社運背景的人說，他們都是因爲有感於光是參與社運，阻攔政府破壞或是加速政府改善一些事情的力道都不夠，所以跳出來參選，因此以爲這件事情是理所當然的。

可後來社民黨的王寶萱讓我意識到：做這麼一個決定對他們來說還眞不是件容易的事。她說自己在參選之前，有很大的掙扎。「我之前把社運和政治劃分得很清楚。而我一向做的是社運，現在跳進政治，是否適當？」她說。

後來有一次她和綠黨的李根政談。聽李根政說了一句：「如果我們從政，可以把資源和人脈回饋給社運，那就有意義了。」這樣她才消除了心裡的矛盾。

而不論從之前的媒體報導，還是從開始與時代力量及綠社盟的立委候選人訪談之後，我都越來越體會到這兩黨各有理想與務實之間不同的掙扎，尤其和民進黨的距離究竟要保持在哪裡。

黃國昌及他擔任黨主席的時代力量，顯然是比較傾向於務實。他們更相信：盡全力先進國會，進了國會再來發揮自己的影響力。

也因爲這樣，在選舉過程中，時代力量並不介意與民進黨在一些地方走得近。

也因爲這樣，有些人看到時代力量與民進黨的諸多協調，還有洪慈庸的競選主任由林佳龍來擔任、黃國昌有蔡英文來站台這些事，擔心時代力量已經喪失理想，形同民進黨的側翼，也質疑在民進黨的協助下勝選，即使能進國會又如何制衡民進黨。

而選後，也因爲陳爲廷聲言退黨，引起時代力量是否還是對邱顯智做了棄保手段的爭議。

時代力量強打明星型候選人，並且有大型造勢活動。這是 2015 年 12 月 26 日，林昶佐的「鎮魂護國」演唱會。　圖片來源：林昶佐提供

另一方面，社民黨和綠黨結合爲綠社盟之後，他們給許多人的印象是，比較更強調一些理念，並和民進黨保持較遠的距離。但也因此，社民黨主席范雲後來也因爲一些事情而遭到質疑。

范雲和蔡英文那次一起包便當之後，我問她怎麼看質疑的聲音。當時她很肯定地說，「社民黨會保持彈性。所謂彈性，就是不能調得太大。如果調得太大，大家爲什麼要投給你，不投給別人？而相對地，只要調整並不大，那何不在手段上、方法上有些妥協？」

所以，范雲說，在一對一的區域選戰中，雖然會視情況和不同的政治力量有些合作，但是也一定會注意綠社盟所堅持的自主性。

只是選前范雲終於表態在總統選舉上支持蔡英文之後，也引起不小風浪。還持續到選後，即使李根政爲她做了一些澄清。

◎

因爲如此，我一直在思考如何解釋這兩個同樣代表年輕世代的政黨在這次選戰中的策略定位，又如何解釋最後導致他們勝負的因素。

我畫了一個象限圖。

橫軸是從社運到政黨，或是從個人到組織。縱軸是從理想到現實，或是從理念到選舉。

圖一，是我把時代力量，和綠社盟拆開來的綠黨及社會民主黨，各自放在這四個象限裡。在我的觀察裡，時代力量重視現實及選舉的考量，也努力強化他們政黨及組織力量的印象，所以主要落在第四象限，但因爲也不忘標舉理想和理念，所以和第三象限有連結。

綠黨在社運和政黨之間更偏向社運一些，在理想和現實之間更偏於理想。而社民黨在社運和政黨之間更偏向政黨一些，在理想和現實之間更偏於現實一些。

順便，我把民進黨和國民黨的位置也標示了一下。國民黨落於政黨和現實的象限，但是因爲距離理想太遠，所以位於右下角。民進黨則介於國民黨和時代力量之間的位置。

這麼看的時候，我對這次選舉結果有了些看法。

時代力量之相較於綠社盟有更好的選舉結果，可以歸納爲幾點：第一，政黨位置偏向於政黨（組織）、現實（選舉），但同時又能結合到理想（理念）的要素；第二，其位置和民進黨相連結；

13
綠黨社會民主黨
聯盟
王寶萱
DUNLOP
仁新輪胎

綠社盟的候選人主打理念，並且獲得許多文化及藝術界人士的聲援。這是 2016 年 1 月 10 日綠社盟台北造勢大會。 圖片來源：作者提供

第三，細看十名立委參選人在四個象限裡的位置，大致也趨向於集中，可以展示一致的力量。

綠社盟在選舉後期，聲勢大起，很多人相信會過百分之三點五的政黨補助門檻固不成問題，百分之五的不分區立委門檻也可能，但結果沒有。究其原因，固然可能受周子瑜事件的影響，但是從這四個象限的位置分析，也可以看出一些基本面呈現的問題。

綠社盟相對而言有三個問題：第一，綠黨和社民黨雖然結合為綠社盟，但實際上兩個政黨各在不同的位置，起碼在選舉上彼此都還需要再整合；第二，兩個政黨的位置都比較更傾向於著重理想與理念，而離現實與選舉比較遠；第三，細看十六名立委參選人在四個象限裡的位置，立場也各有不同，相當分散，不但行動較難整合，還容易出現摩擦。

而從這個象限圖來看國民黨和民進黨的位置，也可以看出這次選舉兩者之間勝負因素的對比。國民黨已經太趨向於政黨和現實（選舉）化，離理想和理念都太遠了。而民進黨雖然也很政黨和現實（選舉）化，但是相對而言，離理想和理念還比較近。

◎

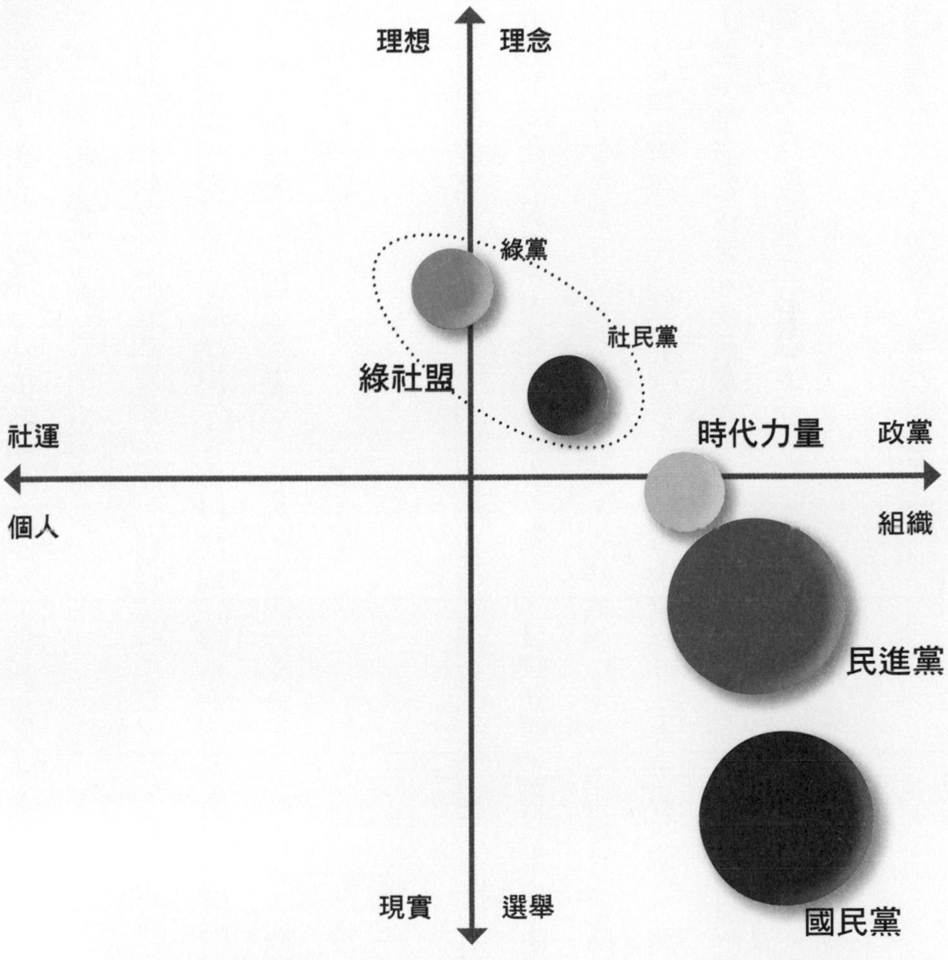

圖一

台灣的選舉制度，對新的政黨、小的政黨十分不利。新政黨、小政黨的資源、組織、人才都不足，選舉的經驗也不夠，容易流於惡性循環。

也因此，新政黨和小政黨在社運和政黨之間、在理想和現實之間的考慮會多，擺盪也多。

在這種種資源侷限、經驗不足的情況下，自己如何在理念和選舉考慮之間保持平衡，和其他有資源的政黨如何保持既聯合又競爭的關係，是很大的課題，並且有時候會步履不穩，姿態沒法那麼從容，是應該被寬容的。

我聽許多人對新的政黨會批評兩點，因而說不支持他們也罷：第一，新的政黨，怎麼現在就出現一些老人會有的問題；第二，現在政黨還小，就出現這些問題，那將來大了還得了。

我覺得該批評的不妨批評，但是說要因此就不支持他們則不必。也是基於兩個理由。第一，新政黨和小政黨之舉步維艱，一如幼兒學步，我們不會因爲幼兒學步會跌倒，就不要他走路了；第二，要用放大鏡來檢查新政黨和小政黨衣衫上有點塵埃就不准入場，對老舊政黨的渾身污穢就麻木地接受現實，完全是不公平的遊戲。

這其實應該是讓整個社會觀察、學習的過程。

對於選民來說，不妨思考，我們的政治環境和選舉制度到底有哪些不合理的地方，讓許多新政黨、小政黨在立足點很不公平的狀態下競爭，承受許多（相對於其他國家）不必要的壓力？

對於新政黨和小政黨來說，也不妨認清政黨不同於社運的現實。正如我在這幾個月裡從許多人那裡聽來的，社運比的是理想的純粹度，每個人比的是自己是否有更高尙的立足點引領大家提升，所以是站在雲端；但政黨必須更顧及資源、組織、人才的結合，所以往往是立足於泥濘。

而民主政治之所以是一種藝術，正是因爲選舉無法區隔雲端與泥濘，反而必須在雲端和泥濘之間找到一個結合和平衡。

尋找這種結合和平衡，需要時間。

選後，我聽到對時代力量最好的鼓勵，來自中研院的憲法學者黃丞儀。他認爲時代力量這次無論如何確實堅持了不打負面選戰的原則，對哪一方面的對手都沒口出惡言過。而對於邱顯智的棄保說，黃丞儀也認爲從大局來看，時代力量已經證明了他們是支持到最後關頭。

選後，我聽到對綠社盟最好的鼓勵，來自一位網友陳漢翔在我臉書上的留言：

這次大選我政黨票投給綠黨，雖然知道大概很難過門檻……可是每一票對這些小黨來說，都是讓他們認識到他們並沒有那麼孤獨無助，有人對他們賦予期待的意義。

而當初被割過闌尾的這次幾乎全滅，也說明了公民的行動力量不一定要急在當下就馬上產生效果，有些事，隨著時間發酵和機會，才會開始出現效果。

我相信，只要台灣人不躁進、不要太快被眼前的局勢弄到昏頭生氣，很多鴨子划水的努力才會開花結果。

◎

寫到這裡，我想起在《如果台灣的四周是海洋》裡，曾經引用政治學者吳乃德談如何閱讀普魯塔克《希臘羅馬英豪列傳》的一段話：

在民主時代中，政治已經成為各式各樣的人都有資格參與的行業。正如企業家追求利潤、或利益的極大化，政治人物追求權位、或選票的極大化。正如企業家為了利潤，產品必須為消費者購買，政治人物為了獲得及保持權位，政策或發言必須為選民接受。然而人類社會的許多行業，如教育、醫療、司法等，其存在的意義和價值，或至少我們賦予它們的意義和價值，並非來自單純的交換關係。政治正是這樣一個行業。如果期許公民以公共利益來做投票選擇和政治參與，並非不切實際，那麼期許政治人物以公共利益作為追求榮耀的動機，說不定也非幻想。

我也在這裡再引用一次。

林昶佐看到的選前一星期

林昶佐回顧整個選舉過程，最難忘的是選前一個星期。「柯P曾經和我說過，要我特別注意選前一個禮拜，結果真的如此。」他說。

林昶佐發現，突然一些不是事實的指控，不知怎麼就冒了出來。最重要的一個是說他支持毒品合法化；又說他支持廢死，支持放掉鄭捷。

這真的是謠言，典型的抹黑你，可是在最後一個星期，根本來不及反應，也無從反應。

「一直到我勝選，在感謝支持者的時候，台下還有人跟我說，『不能支持毒品合法化啊』，你就知道這個謠言的殺傷力有多大，多麼深入人心。」林昶佐說。

那麼短的時間裡，要為自己辯護，並且為大眾所注意，最好是上電視政論節目。可是因為最後一周在電子媒體曝光的話必須雙方都上，所以如果林郁方不上節目，林昶佐也不能上。而事實上，林郁方就是不上。

林昶佐說，他的選戰好不容易從落後一路打到最後階段平手，有贏的機會了，卻遇到這個無從辯解的亂流，差點犯下大錯。

「我因為有在國際特赦組織工作過的經驗，把個性調整、磨練得可以控制，在這次選戰很有幫助，」他說，「但到最後一個星期發生這種事，也不免激動起來。有一次差點在媒體前失控。又曾經想，你不是控告我嗎？我也來控告你。」林昶佐說。

他說後來感謝競選團隊裡的吳崢讓他冷靜下來。「我那個時候一旦也去控告對手的話，整個事情的焦點就會完全模糊。那才真的是對手希望你做的，你再也說不清楚了。」他補充。

但他還是十分焦慮，直到最後選前兩天在龍山寺的晚會，才又比較安定下來。

林昶佐說，他還注意到的是，當他的競選車隊去掃街的時候，至少有五個人會尾隨跟蹤，掌握他的動態。「這要花很多錢的。也是新的小政黨根本花不起的錢。」他說。

但最後幸好他們還是贏了。「這裡有給年輕人的啟示。」林昶佐說，「對方是五屆立委，而我的助理是看電視連游錫堃是誰都不知道。我們這樣一個隊伍也能打敗林郁方，這件事情的本身就是一個啟示。」

新政治力量的吶喊

時代力量和綠社盟共二十七位區域及不分區立委候選人，聽聽他們所為何來。

因爲我相信二〇一六大選的意義，不僅在於執政的政黨可能輪替，更在於立法院所代表的國會可能如何改革，也因爲我相信新的改革需要由年輕的力量推動，所以從二〇一五年十月起，我選擇了時代力量與綠黨社會民主黨聯盟（簡稱綠社盟）兩個政黨共二十七位立委參選人，對他們進行訪問。

做這件事情，一方面是想從這些有志於成爲民意代表的年輕世代的眼中，看到社會上更多的「民意」，另一方面也是因爲看到這次大選雖然有許多年輕人挺身而出，但是除了極少數例外，普遍面對沒有資源、沒有媒體曝光的機會的難處。所以想為這些年輕人提供一些支援，讓他們吶喊的聲音能被多一些人聽到，他們在做的事情能得到多一些被注意的機會。

資深記者陳季芳聽了我的想法，拔刀相助，和我共同啓程，走訪、整理了三個月。這些訪問製作成免費下載的電子書，這裡把各人的導言做摘錄。

選戰結束，這些人裡有人進入國會，有人沒有；有人已經開始準備下次再來，有人暫時休息。但是回顧這二十七人在這關鍵時刻的發聲，有助於我們了解新的年輕世代展望未來的思維和主張。

柯劭臻

風暴中挪動一吋吋腳步

時代力量台中第五選區立委候選人

柯劭臻是長期為環保議題抗爭的律師，個子不高，說話輕柔。

她說自己單打獨鬥十幾年環保官司，對抗政府和財團九成都輸。「即使少數官司贏了，拖延時日，有些開發已成既成事實，環境已經破壞了，於事無補；有些雖然還沒有開發，但行政機關仗著行政方便，照樣施工。」

「我本來很無力，都想移民了。」柯劭臻說，「但是碰到大埔案、三一八太陽花運動，看到年輕一代的崛起、公民運動的力量，才又看到希望，決心繼續奮鬥。」

而柯劭臻最終決定參與選舉，從政治來改變生態，竟然是被台積電所激發。

「二〇一五年二月，台積電在大肚山中科二期的擴廠計劃。」柯劭臻說。「台中的環境破壞已經夠嚴重了。台積電的新廠，會更進一步惡化這個問題。」

柯劭臻分析給我聽，二〇一四年台積電認購一億度的綠能，和他們總用電量七十五點二億度根本不成比例。何況未來他們大肚山單一新廠一年就要用電四十億度。

「台積電也該自己尋找能源。他們生產的晶片都給蘋果用，而人家蘋果是自行尋找乾淨能源。台積電這麼賺錢的企業，也該這麼做。」柯劭臻說的這段話簡單明白。

之前，我知道中部地區的空污嚴重，也知道這些空污的元凶是燒煤的火力發電，以及六輕。但我未曾意識到台積電這種半導體產業，也對中部地區的環境產生柯劭臻所說的那種破壞力。

因此我形容她的抗爭像是在風暴中一步步走向一個巨人。

洪慈庸　不一樣的鄰家女孩

時代力量台中市第三選區立委候選人

洪慈庸紮著有些長度的馬尾、說話不時帶出笑容的樣貌，真是典型的台灣鄰家女孩。

但是不一樣。不時，洪慈庸說到哪裡轉換一下坐姿，或者別過頭去的時候，當然更多的是在她上下語氣的間隔裡，突然，你就會覺察到那一瞬間有些不同於鄰家女孩的東西閃了過去。

她談到將來要對弱勢的特別照顧，很江湖：「很多弱勢者，連怎麼上網都不知道，仍然是拿陳情書來找你，這是還在『擊鼓伸冤』嘛。」談起政治，又挺有革命者的觸感：「政治是爲人民服務，而不是爲派系、財團服務。所以要給年輕人機會，讓社會有改變的機會。」

後來有更多、更年輕的立委參選人讓我看到更多今天年輕人受到的壓力，但是洪慈庸是我聽到最早提及這一點的。

「年輕這一世代是很辛苦的世代，大環境不好，政策出了問題，讓我們陷入了困境。」她說，「如果我們不去做一些改變，未來的世代可能跟我們一樣苦，甚至比我們更苦，更容易受到傷害。」

林昶佐　奔放中的冷靜

時代力量台北市第五選區立委候選人

去訪問林昶佐之前，我抓不準那個搖滾音樂的 Freddy 和競選看板上冷靜得有些淡漠的人之異同。

但是聽林昶佐講他小時候怎麼混光華商場，聽各種音樂；講他十八歲的時候突然發現教科書「偷走了」他的生命而痛哭，林昶佐就逐漸生動起來。

「三一八之前，我比較灰暗，在ＦＢ上寫的東西也很灰暗。我覺得台灣人已經是怎麼樣的現實都會接受了。」林昶佐說，三一八對他最大的震動，是看到那麼多人站出來，大家不再只是挺扁，或是挺馬，也不再迷信明星。

所以，後來他覺得自己可以付出一些關鍵的力量。不只是音樂，不只是表演。

「我擔心三一八只成為歷史，沒發揮它對社會應有的影響力。」林昶佐說，「而且我對某些民進黨人士，也有信任的距離。」

他說話的語調一直保持著一個適當的起伏，不是舞台上 Freddy 那種激昂，但也不是看板照片上的那種嚴肅。不過，倒也是這種起伏的語調，十分能傳達接下來他講這段話想表達的意思：

「所以隨著二〇一六大選的到來，我擔心如果我們再不努力，選後大家就忘了這段時間發生了什麼，而只剩下蔡英文。如果我們不站出來，難道大家的努力都終歸沉入傳統政治的板塊嗎？我們努力的，就是要打破傳統，否則去支持民進黨就好了。」

曾柏瑜　衝出巷口的決心

綠社盟新北市第十一選區立委候選人

曾柏瑜是二〇一六年所有立委參選人裡最年輕的一位。今年只有二十四歲。

因為本書有一篇關於她選舉的個案研究，所以相關介紹主要請看本書第一二八頁。

這裡先說一下在她競選服務處成立那天的印象。

曾柏瑜的服務處在新店，中興路一段二八八巷一號，和中正路的交口。

曾柏瑜的對手是國民黨的羅明才。當了十六年立委的羅明才，經費充足，買一個月廣告看板的錢，就等於曾柏瑜全部經費。曾柏瑜服務處巷口的路對面，就掛著羅明才大大的廣告看板。

我跟曾柏瑜說：她選的這個位置很有意義。看起來，他們是侷促在一個巷子裡。但是如果他們眞正衝出去，一步之外就是中興路和中正路的交通要衝。

很像今天被壓抑的年輕人，如果他們繼續安於被壓抑，就一直被壓在巷子裡，但是如果決心衝出去，就可以扭轉情勢。

所以這是一場小旗子對大看板的選戰，也是年輕世代要衝出巷子口的選戰。

賈伯楷　**在地與國家不二**

綠社盟新北市第四選區立委候選人

賈伯楷繼續就年輕世代的困境，給了我進一步強化的分析。

許多學生不僅爲負擔學貸而打工，「弱勢家庭反過來得由學生貼補家用，拚命打工，工時都超長。」他說。

接著，我在他的解說之下，第一次看到了超商櫃台後那些年輕店員的工作現實，以及其背後意義。工作項目一再增多，卻是同樣的人數，等於是工時無形延長。

賈伯楷下了個簡短而清晰的結論：「這就是政府和社會對學生的雙重壓榨。」

賈伯楷參選的選區，是新莊區的七十五個里。他要做的，就是以新莊爲代表，反對無止境的高樓開發。

他最重要的政見，或甚至感到在世代正義之外唯一的政見，就是要以新的思維爲新莊的居住和工作環境，綠地、農業用地和工業用地找到平衡，給古宅新的生機，以便讓新莊不只是去台北工作回來的「臥房城市」，而是一個可以眞正讓人生活的城市。而要做到這一點，他必須進國會去改革《都市計畫法》及其相關法條。

呂東杰 隱俠出江湖

綠社盟桃園市第六選區立委候選人

人不可貌相。呂東杰像是武俠小說裡的隱俠。

呂東杰曾經在統一超商工作了十二年，後來決定出來創業，經營一家主要代理德國洗掃地機和清潔劑的公司。六年之後，因爲學習到環保的概念，對大自然有了敬畏之心，決定放棄「利益思維」，尊重每種生命在大自然裡都有其居住權，實踐他所相信的「自然農法」。

呂東杰把價値幾千萬元的公司股份全部送給了員工，讓他們自己經營。而他自己，則空手離開。

呂東杰說他從沒買過一棟房子。因爲他相信土地不該爲人所擁有，而應該是所有的生物所共有。但是他卻能因爲受到退休老農的信任，接受委託，在兩塊各一甲的土地上實踐自然農法。

呂東杰發現，一個人的時間有限，不能光靠他一個人，於是開始教育工作，教導其他農民也用他的方法耕作。

可是他又發現這樣也太慢。政府爲了搞開發，徵收土地的速度太快。美麗灣、大埔、航空城案，都給了他衝擊，三年前就決定加入綠黨，從參加政治選舉開始，準備進入體制，從根本上解決問題。

呂東杰這次參選立委，決心打一場不一樣的選戰。他也和其他許多人一樣，親自做街頭說明、拜訪鄉里，但是他不辦募款餐會。

呂東杰的公園生態講解導遊，可以說就是他的募款活動。你捐點錢可以聽他講，不捐也可以聽他講。

苗博雅　冰下有火

綠社盟台北市第八選區立委候選人

有一天我見到林濁水的時候，問他為什麼會去苗博雅的場子支持他。林濁水點點頭，很簡單地說了兩句：「頭腦邏輯清晰，口才也真好！」

苗博雅的選區在文山區與中正南，他說政黨傾向特別明顯，也是全國最藍的選區，藍綠七三比。「過去兩次選舉，二〇〇八與二〇一二，民進黨的候選人得票不到國民黨大黨鞭賴士葆的一半。」他說。

他沒有等我問那為什麼要選這一區，就接著說了。

「我是文山人，從小住這，幾乎沒離開過。文山是個好地方，有山有河，學術風氣濃厚，有知名的大學，也有產業——文山包種茶，但是十幾年來，大家好像忘了文山，一點發展也沒有。」他說。

整理苗博雅的訪問筆記，有些非常簡短有力的句子。像他講「台灣已經沒有時間等我們變老」的急迫感。

又像他談馬習會前民進黨該做而不做的事，「也許家大業大的政黨有許多考量。這也是為什麼台灣需要一個新興政治力量的原因。」

苗博雅講話臉部表情不多，手勢比較多。他表露「邏輯」、「理性」，但偶爾會釋放出克制在那之下的「感性」。

所以我說他：冰下有火。

柯一正 認真的遊戲者

時代力量不分區立委候選人

柯一正兼顧溫和和堅韌的特質，是很多人知道的。太陽花學運期間，他從第一時間就在立法院有了一個自己的戰情中心後，一直守到最後學生退場才離開。柯一正辦「不要核四 五六行動」，持續一年，風雨無阻，更是大家所熟知的。

他也很早就在支持年輕人所代表的第三勢力。「台灣現在最重要的，就是要支持年輕的力量參與政治，進行改革。」柯一正經常這麼說。

柯一正曾經想和吳乙峰巡迴全台各地，幫時代力量在許多地方都找到區域候選人，後來打住。但是黃國昌找他出任不分區立委候選人的時候，他也就二話不說地答應了。

柯一正的笑聲很特別。說特別，是說他的笑聲裡經常有那麼一點自嘲和自得的綜合體，會讓人聯想到遊戲中自得其樂的笑聲。他是個認眞的遊戲者。

呂欣潔 柔和的勇猛

綠社盟台北市第七選區立委候選人

呂欣潔是我訪問過的候選人裡，女人味最濃的一位。我們去的前幾天，她才剛結婚。新婚的嫵媚，也許也是加重這種印象的原因之一。

呂欣潔長期在婦女、家暴、同志、長照等議題上投入，都和關懷弱勢相關，所以她的政策主張也都一以貫之地環繞著這些議題。

她曾經在民進黨中央黨部婦女部工作過，也長期爲聯合國多元性別倡議小組工作。

她因爲自己妹妹的罕見疾病需要長期照護，所以對長照政策與環境下過工夫，又因爲研究長照而發現稅制的問題，更因爲研究稅制而發現國內勞動條件很差的問題。

「我曾經對政治十分失望；也曾經像大部分人那樣，覺得政治那麼髒、那麼危險，就不要碰了。」呂欣潔說，「但是太陽花運動又讓我恢復了熱情。」

她決定參選的這個選區，包含了南松山和信義區的五十四個里。大家看起來覺得是有錢人很多的一個區，「可實際上貧富差距很大。我的主張可以打動的人很多。」

呂欣潔的競選服務處就設在一個市場裡。她說她並不把它看作是競選服務處，就是一個社區活動空間，不但自己舉辦講座，也充當年輕人的共同工作空間，其他NGO（非政府組織）團體也來合辦活動，像是反核與動物保護等。

呂欣潔知道一些長輩愛用 Line，還做了個「長輩問安圖」，張貼在街頭的看板上，連時代力量的林昶佐都在臉書上說：「呂欣潔，你厲害！」

陳尚志　學者之怒

綠社盟台北市第四選區立委候選人

陳尚志瘦瘦的，光看外表，他不開口，像個文弱書生。不過，這個書生有些經歷很豐富。陳尚志大學讀的是中興法商，當時就積極參與社會運動。野百合學運發生的時候，他也是核心人物之一。畢業後，陳尚志還當過林義雄的秘書，協助他進行「核四公投，千里苦行」、參選民進黨主席等。

陳尚志出國讀書後，回來在嘉義中正大學教政治學。二〇一五年和范雲等人一起籌組了社會民主黨，六月決定在台北內湖南港區參選立委。

在我們訪問過的立委參選人裡，陳尚志說話是屬於慢的，他的語氣也很溫和。但是，在表面的慢和溫和之下，我覺得燒著一種火，可以用憤怒之火來形容的火。「淘汰國民黨，監督民進黨」。沒有一個人講得如此直白。

他的許多政見中，最主要的是針對勞工的。陳尚志說：「在政策上，我第一個要修訂勞工法案，監督執行。」

你可以清楚地體會到他對勞工階層的遭遇感同身受，以及對不公平的憤怒。

那天我們聽了他很多拳拳到肉的指陳，不只是在政治領域。

「台灣人不是不捨得捐錢，但都捐到宗教那邊去了。如果有些錢能捐給NGO，會很不一樣。」

吳紹文 不要等死的農夫

綠社盟宜蘭縣第一選區立委候選人

見吳紹文的前一陣子，正是國民黨還在換柱風波的後續震盪之中，又有十七名立委鬧出攔阻「農業用地興建農舍辦法」修正案的時候，連陳長文都氣得說：「有這種國民黨的立法委員，國民黨還需要救嗎？」

吳紹文讓我比較全面性地了解了台灣農業危機的嚴重。一如台灣的四周已經是無魚之海，台灣島內也很快就要成爲無米之鄉。

他提醒每個人都要重視這件事的理由言簡意賅：「我們講台灣獨立，這裡頭有意識形態、有感情因素，但現實上，獨立就是得糧食自足、資源自足、經濟自足，不然獨立全是空話。」

他講自己進立法院要做的事情，從國土計劃到農業政策，到農業產銷體系，到對外貿易談判，一體成形。

他講自己決定在宜蘭參選的理由很直白，也是對聲言需要全面執政的民進黨直接的打臉。吳紹文說，宜蘭有黃煌雄、林義雄、陳定南這些前人的努力，一直是民主聖地，綠大於藍。「但是對於農舍管制，民進黨現任立委陳歐珀不吭一聲，完全自失立場。」

鄭秀玲 俠女

時代力量不分區立委候選人

鄭秀玲請辭台大經濟系主任，成爲時代力量不分區立委候選人的記者會那天，我去致辭，說「俠女又背著劍匣出征了」。

大家都知道，台大經濟系一向和政府的經濟主管部門有千絲萬縷的關係。孫震、郭婉容、薛琦等，這些經濟要員，也都是台大經濟系的要人。

在這種背景之下，鄭秀玲在台大經濟系主任的位置上，二〇一三年就成爲反黑箱服貿的重要支柱，她承擔的壓力可想而知。但鄭秀玲不但挺過這些壓力，還主催了在台大召開的一系列《兩岸服務貿易協議》主題的研討會，把反黑箱服貿的火把熊熊地燃燒下去。

「其實不是台灣經濟眞出了問題，而是政策出了問題。」鄭秀玲說，「對這些問題，我狗吠火車了五年，現在要進入體制內改革。」

「以產業政策而言，我認爲台灣唯有擺脫以加工製造、降低成本的固有模式，大力迎接百年來難得的資源革命（譬如製造業模組化、智慧化和回收再利用等）、雲端科技、大數據、物聯網和生物科技的新經濟發展，才能起死回生，並可改善老百姓的生活品質。」鄭秀玲說。

也因此，她認爲政府應該鼓勵中小企業善用雲端科技，改善生產力，行銷國際。

鄭秀玲是俠女。

李晏榕　總結者

綠社盟台北市第三選區立委候選人

李晏榕很愛書寫論述，總結一些重點。

我們去訪問她之前，李晏榕寫了一篇〈選立委不是選體育選手〉：

「傳統選舉文化講求勤跑，但卻造就了許多『選舉很勤勞、問政很懶惰』的立法委員。只要傳統的選舉文化不改變，選舉到了、立委不想開會一心只想跑行程的情形就會不斷持續，理念型的政治人物就很難有生存的空間。」

李晏榕說她會跑出來參選，還是三一八的原因。

「三一八反的不只是服貿，而是國會；立法院距離民意太遠了。整個社會表現出求變的趨勢與要求，而且充滿期望。」她說。「民意求變，國會不變，有什麼用？能做什麼？立法委員本來應該監督行政，但現在變成立法委員去搶行政資源。」

因此她下了決心：「我們在NGO倡議、鼓吹司法改革、參與社運，心裡頭就是有想做點什麼的感覺。但這一切都擋在立法院外，只有走進去才能改變。有能力有機會就該試試看。」

李根政　原則與溫暖

綠社盟不分區立委候選人

李根政是地球公民基金會的創辦人、執行長，近來又兼任綠黨的共同召集人。他認爲，雖然經歷了兩次政黨輪替，並且國、民兩黨在人權和女性議題上有所不同，但是這兩個黨在經濟上都是向財團靠攏的開發主義，因此彼此都會發生換了位置就換腦袋的問題。

像高屏大湖，有七百公頃，是台灣最好的毛豆種植區，而毛豆是台灣第二大農產品項。但是隨著李根政回顧，可以看到民進黨和國民黨輪流上台，誰執政誰就破壞這個區域。

李根政也特別指出：這兩個黨不論哪一個執政，在公共政策的民主參與上都很落後，都不給人民「社區知情權」。

「政府雖然有《資訊公開法》，但總是以種種方法阻攔，不讓利害關係人知道，不做主動、積極的告知。」李根政說。

「所以，要讓兩黨不過半，要讓進步的第三力量出現！」他這麼說。

李根政說話，不疾不徐，溫和平靜，聽不出任何激情的味道，但是他的一些總結很有力：「二〇一六年我們能拿到多少選票，就是看過去二十年超越藍綠、公民自主的選票有多少。」

黃國昌　策略與衝鋒

時代力量新北市第十二選區立委候選人

我是在二〇一三年夏天反黑箱服貿初起時認識黃國昌，之後有一段並肩作戰的經驗。

黃國昌在比較早的時間就問過我對他參選立委的意見。因此我知道從太陽花學運，到這次參選立委，其實他最早都是想從旁協助，而不是自己站到台前的態度。

只是他的明星氣質終究還是比學者氣質更受人注目，因而兩次都不免在情勢的推波助瀾之下，最終親自披掛上陣，登上舞台的中央。

黃國昌的策略判斷一向快而精準，訪問黃國昌那天，我去內湖，找了他一個空檔，看他一面講話，一面狼吞虎嚥地吃完飯，再趕去下一個行程。

「以前，我比較多談國家大政；現在，我是看到日常生活的庶民生活需要、他們素樸的希望。他們那些看來很庸俗的活動，都是選民最眞實的需要。」他吃著飯跟我說，「而我擅長做的，是如何提出系統化的地方解決方案，回應他們的需求。」

所以後來我寫道：「選舉的熔爐眞是高熱高壓，有人一進去就要灰飛煙滅，有人則會升級轉型。這場選舉對黃國昌的鍛造過程，對時代力量如何結合理想與務實的鍛造過程，都已經啓動。」

楊智達 相信時間的人

綠社盟台南市第四選區立委候選人

楊智達也是一個走在街上的大學生模樣的年輕人。

今天的南部，是所謂的「綠地」；長期以來，高雄、台南都有重要的民主活動紀錄。所以，在這裡，看一個打著「綠黨」旗號的年輕人，要做他說的「深耕民主」有一種詭異的對比感。

但是楊智達的分析和結論，三言兩語就把他要如此行動的理由講清楚了。

「民進黨籍候選人躺著選也會選上，所以比起關心議題、彰顯理念，他們可能更注重的是選民服務。」

而他看到南部人對政治的參與，呈現三種世代三種不同的心態：「老人熱中，中年人保守，年輕人疏離。」

又因爲他自己才二十四歲，所以聽他談南北年輕人的種種差異，以及年輕人特別的冷漠，感受也格外深刻。

可是談起選舉，智達卻又有另一種完全不同的樂觀和信心。他講自己知道要讓南部人一下子改變是不可能的。「也許要一二十年的時間，但，我是開始。」他說。

楊智達知道他自己最大的資源：他的年輕。所以我說他是個相信時間的人。

范雲　理論與實踐

綠社盟台北市第六選區立委候選人

身爲社民黨的黨主席，范雲一方面要參與綠社盟的競選事務，另一方面也要跑自己的大安區選區，典型蠟燭兩頭燒。

雖然在競選中的工作負擔可以想像，但她總是帶著輕輕的笑容，以很快的講話速度解釋自己的想法。

「從一開始，這次社民黨參與選舉，就不想靠名人，而是靠扎實工作的人。比較想看未來，這是一個路線，而不只看一次結果。」她說，「所以這不只是第三路線，也是國家發展的路線。」

范雲拿德國的例子相比，來看台灣選舉對新進參政者的不公平待遇。

她說，「現在的選舉規則，一切都是要封鎖挑戰者，一切都對有財力支持的人有利。而我們社民黨因爲關懷的是社會弱勢，尤其很難找到企業界來支持。」

她希望大家想一想這個問題：「台灣參選門檻這麼高，要靠派系，要靠財團，那你花了那麼大成本競選成功之後，要怎麼回報支持者？」

而從這裡再衍生出來的問題是：「在這種制度之下，會不會再有理想的人，從政之後也容易腐化？我們是不是在制度性地製造政治人物容易墮落的環境？」

我問她參選這幾個月的心得，和她過去參與社運有什麼不同。

「社運的理念，需要十分細緻的說明，很難在短時間內向一般人解釋清楚。但選舉必須向一般人解釋明白。」范雲幾乎在沒有思索的狀態下如此回答，「社運要影響的是關鍵的少數。而政治是要一人一票。」

范雲的兩頭燃燒，不只是要兼顧黨主席和自己個人參選者的身分，也要兼顧她相信的理論與實踐。

邱顯智 為弱勢者燃燒

時代力量新竹市第一選區立委候選人

因爲時代力量在一些選區和民進黨的資源和人力有密切合作，所以一直有人質疑時代力量是民進黨的「側翼」。邱顯智在新竹是否決心挑戰柯建銘、如何挑戰柯建銘，成了時代力量如何與民進黨區隔，證實自我主體性的試金石。

我和邱顯智只見過兩面。兩次的印象大不相同。

第一次，是早上，是個晴天。當時許多民調都顯示，柯建銘遭到這個年輕人挑戰的巨大壓力。邱顯智一面很快地呑著早餐，一面跟我說明情況，神情輕鬆。

第二次見他，是在晚上，下雨。他經過一天忙碌的奔波，講話的聲音不像上次那麼高，但是更結實。

在那前一天，王如玄開過記者會說明她的十二筆軍宅交易；在那前幾個小時，眷村促進會去按鈴控告王如玄，因爲取得軍宅有可能涉及僞造文書或其他刑事責任，要撤銷她的律師資格。我們從這件事聊到各地國民黨選情的嚴重受挫。

邱顯智認爲自己超越了國民黨的候選人，終於形成和柯建銘對決之局。但是他也看到柯建銘現在的支持度上升，比兩個月前好。

「他們的資源戰發揮力量。」他簡單地說。和兩個月前不同，邱顯智這次談起柯建銘的廣告看板比他大那麼多，語氣嚴肅得多。

我問他接下來怎麼打。「我還是相信第三力量在台灣發展的空間就在新竹。」邱顯智說。他認爲，現在的年輕人已經是天然獨。「台灣今天眞正的議題，不在統獨之爭，而在階級之爭。」邱顯智說，「除了年輕人渴望改變，那些弱勢、那些勞工、那些老榮民，誰來代表他們？誰來照顧他們？國民黨固然不會，民進黨會不會？我不知道，但第三勢力應該扮演這個角色。」

那天晚上，邱顯智還講了一個梨山老兵的故事，講他爲什麼選擇幫助弱勢者的戰場：

「我看過太多社會底層的弱勢者，他們的困境、心聲、訴求完全無法在現行的代議制度中被反映，被重視。」

葉大華 為青少年而起

綠社盟不分區立委候選人

葉大華讓我對台灣高中生以下年齡層的問題，有了體會。

青少年包括了十二歲至二十四歲的所有人。其中，葉大華那天主要談的，是她長期關注的十八歲以下的青少年所遭遇的集體困境。

台灣十五歲以上的青少年，工作就要繳稅；十八歲以上，要負刑事完全責任，可是他們到二十歲才有投票權的不合理，這我以前知道。

但是聽到葉大華接著說下面這些話，那種衝擊力隔了兩個月之後還是很強。

「只要你是學生，沒人當你是公民。」

「大人對青少年缺乏想像。唯一的想像是要他們趕快讀完書，然後趕快找到一份工作。」

葉大華講起話來表情豐富，很生動，連珠砲似地說這段話，簡直就是雄辯家：「青少年不是福利的依賴者，也不是需要保護的對象。青少年是權利的主體。這就是世代正義。」

許秀雯　女同志寫給台灣的情書

綠社盟不分區立委候選人

許秀雯說，她是台灣史上第一個被政黨提名爲不分區立委候選人的出櫃同志。而她之所以決定參選，並且堂堂正正地亮出同志的旗號，是因爲這是「女同志寫給台灣的一封情書」。

所有的情書根源都是「愛」。所以她寫這封情書的目的，也是要告訴大家，政治，可以有「愛」。

「現在的選舉，時間到了，許多人就要催化對立。連性別議題，也只是被利用。」許秀雯說，「太多人根本沒想過：政治可以是溫柔的。」

她分析，同志從小就不是主流的性向。對差異、霸凌、弱勢，都比較敏感，所以較可能擁有「雙重視野」，不帶偏見，而帶有溫柔。

「三一八才過了一年多，但已經相當多的人不記得當時爲什麼發生此事了。」許秀雯講話指東打西，但是脈絡很清楚。

「所以許多事情需要扎根，對於民主政治的關心與意識更需要日常化，讓一般人都能輕易地跨越門檻，有時間接觸政治、有能力廣泛而不偏食地討論政治。」她說。

所以，許秀雯開著彩虹車環島到處走，目的倒也很清楚：「我們就是要攪動不同階層的對話。」然後，她又加了一個金句：「新政治，就是價值的選擇走在選票的計算之前。」

詹順貴　串聯異議者的人

綠社盟不分區立委候選人

詹順貴是個經常以犀利的文章，爲國內眾多不同領域內的弱勢團體發聲，把他們串聯起來的律師。

詹順貴說：「我們的經濟發展和生存選擇，來到了一個關鍵點。」而那天他談的許多重點，都是環繞著這個來的。

「過去政府的大有爲，是鋼筋水泥思維與邏輯。今天的政府沒有大有爲，也不能囿於鋼筋水泥思維。」

從這一點，詹順貴再說了一個重點：「政府的資源是有限的，所以應該由人民參與決策。」

他認爲，過去的施政議題由官員決定，透過行政程序，把人民排在最外面。而未來，施政議題應該由人民決定，政府協助進行程序，做出最好的決策。

謝英俊

方法自如

綠社盟不分區立委候選人

訪問謝英俊，他不只談建築，還談東亞島鏈、談世界局勢、談都更、談政府的改造。

這位建築師說著話，翻翻面前一疊黃色的筆記紙，再怎麼大的問題，他很輕鬆地就翻過去了：「這都是沒有方法。」

那天聽他說話，起初感到跳躍很大，但是後來跳得十分通暢，是一次很愉快的經驗。

謝英俊最特別的是，他原來是爲科技園區的高科技公司設計廠房的建築師，但是九二一地震之後，他去做災區重建，開始發展出一套獨步全球的「協力」建築方法，不只爲各地災區，也可以爲偏遠地區的貧窮農民所用。

從不爲政黨站台的蔣動，和謝英俊從沒見過面，但是「神交」已久。蔣動感動於謝英俊所做的事，因而在這次選舉決定站出來，要把謝英俊挺進立法院。

張麗芬　工會動員

綠社盟不分區立委候選人

在整理二十七個人的訪問稿的時候，要挑出一句最具現當事人講話情境與立場的話，多半要思考一下。

中華電信工會的秘書長張麗芬，是少數我不用回想就能馬上寫下來的人之一。

「低薪是國恥，派遣是元凶。」

在那個早上，她講這句話的神情，令人印象很深刻。

一方面是因爲這兩句話的精悍結棍，直指核心；另一方面也是因爲直到那天和張麗芬見面之前，我完全沒有意識到這個問題是如此嚴重。

張麗芬非常清楚地鎖定自己關注及要改善的勞工問題：派遣。並且她最打動我的一句話，是她要改善這個問題有個很寬闊、很溫暖的立場：「台灣不應該有一堆人在這麼不穩定的狀態下工作。」

這是一句應該出自哪位總統候選人口裡的話。

我問她中華電信工會的意向，她肯定地說，「我們有二十八個分會，每個分會都支持社會的貧富差距不能再擴大。」

徐永明　運動中的觀察者

時代力量不分區立委候選人

聽徐永明談二〇一六年的選舉，像是在用一架望遠鏡，綜覽遠近；又像在用一柄放大鏡，逐步打開一軸長卷，細看不爲人注意的筆觸。

「我們的政治人物，還有媒體，忽略了社會的變化，這個社會變化，快得出乎他們想像，完全是措手不及。」這是時代背景。

「國民黨六年前郝龍斌、朱立倫、吳志揚，年輕一代，何等氣勢，但也因此黨不像黨，倒像家族聯盟。」這是國民黨的問題。

「民進黨內五十歲以下的人，除非派系支持、家庭背景過人，否則根本沒有出頭天；那就更別提三十歲左右的人了。」這是民進黨的問題。

「新興政黨的形成是必然的。在關鍵時刻，在社會起變化的時刻，新興政黨於焉出現。」這是二〇一六大選的特點。

「民眾不喜歡現在這種狀況。時代力量提供了另一個想像，圖像不同，推動的力量也不同。」這是時代力量的角色。

「光選舉不夠。關鍵在於，選舉之後做什麼。核心在於國會改革，除了兩岸政策之外，套句老話，讓憲政體制權責相符。」這是這次選舉的意義。

「我們必須提出宏觀的藍圖，看到新台灣的未來。這不是我們的自我要求，而是民眾在看。」這是徐永明總結的時代力量的自我期許。其實這句話也可以對這次所有參選的政黨說。

高潞·以用 進擊的衝組

時代力量不分區立委候選人

那天聽高潞講原住民流著狩獵、捕魚的血液，結果卻連出海都要被管制的不便，我不禁暗叫一聲「慚愧」。

我寫《如果台灣的四周是海洋》，提醒讀者不要再用陸地思維，把四面圍繞的海洋看成侷困自己的天險，而要採用海洋思維，把海洋當作通往世界的通路。但是聽高潞說著話，我想到這眞是一個外來的漢人思維。

就一個台灣眞正的原住民而言，他們哪需要這些提醒？原住民怎麼會把海洋視爲危險、禁忌？

是歷來的漢人政府，從國民黨政府而民進黨政府又再一次國民黨政府，都從沒眞正面對過原住民與台灣的關係，正視過他們所主張的權利啊。

在二〇一六年的選戰硝煙中，有一則引不起注意的新聞：台東布農族人王光祿（Talum）上山獵捕動物給媽媽吃，因爲獵捕的是保育類動物被判刑三年半，即將入監。

我記得高潞就說過，原住民以狩獵、捕魚爲生，以山林、海洋爲田園，自然會愛護自己的生態。漢人政府加了那麼多入山管制條例，結果保護了什麼？怎麼會林木破壞得如此嚴重？

「把山林交還給我們，哪裡有盜採、盜伐的蟑螂，原住民會比誰都清楚。」高潞說。

高潞讓我認識到：接下來，台灣本土意識要再往下扎根的話，還給原住民自治與自決，是必需的。

林依瑩　在高齡化社會創造蓬勃生機

時代力量不分區立委候選人

林依瑩說話給人一種很溫和的感覺，有一種很穩定的力量。

林依瑩二十年來都在做和長照有關的工作。她對相關法令、政府作業方法、政治人物思維的盲點，也都很清楚。但是她在一一指出問題之後，難得的有兩點。

第一，她不只在摸索自己的對應之道，還實踐出成果，也建立模式。第二，她有了成果和模式之後，並沒有急於要求別人馬上接受。

「我想等我做成功了，再來說服人家，而不是我覺得對，就來說服人家。」林依瑩這麼說。

那天我聽來覺得最振奮的，就是在她建立的服務方法之下，年輕人如果做長照工作，可以擁有「二十五歲黃金經歷」，而且可以進而推動他們創業，三十歲前就能當老闆了。

按照林依瑩的分析，台灣高齡化社會，長照市場需要至少四十萬工作人員。所以如果能讓年輕人看到長照工作值得做，並且還有發展機會，那我們就創造了一個不受國際情勢變化影響的內需市場，並且打造台灣的軟實力。

王寶萱　聽我五分鐘

綠社盟桃園市第一選區立委候選人

王寶萱讀了政治和經濟雙修學位之後去英國深造，受大埔事件的召喚而回國，過去兩年投入爲桃園航空城的居民發聲，而爲各方看重。她以航空城爲例，不但可以深入地觀察土地利益者的實際得利可能，也可以概括出台灣的經濟發展問題。王寶萱基於民進黨一一二九在地方上大勝，再在二〇一六大選又將輪替中央政權，所以認爲新的政治力量不能不參與立委選舉，扮好民意監督的角色。否則，「民進黨從中央到地方，到中間的立委都掌控了，絕對的權力也就會有絕對的腐化。」她說。

王寶萱總結：「現在我們要的，不只是重新分配，還要確認是由誰分配，如何分配得符合公平正義！」

談到她的競選，王寶萱說：「我有支持度，但沒有知名度。」不過，在她參選的這幾個月裡發現了一點：即使是從來不認識她的人，只要願意聽她說五分鐘的話，就會願意支持她。「但我沒有機會向二十萬人講五分鐘的話。」

做「年輕的力量進國會」的系列訪問期間，我不是沒有懷疑過這樣做的意義到底何在。當我聽王寶萱說到只希望大家聽她說五分鐘而不可得的時候，我突然覺得踏實了下來。

在台灣目前選舉制度對年輕世代、新政黨有重重不公平限制的情況下，我們需要聆聽他們五分鐘，也幫他們創造可以講五分鐘話的空間。

年輕的力量進國會！

網　站　及　電　子　書

採訪、整理：郝明義、陳季芳

網站架設：TonyQ

Logo 設計：Akibo

顧問：唐鳳

網路行銷：蝦蝦

電子書製作：董福興

攝影協助：黃謙賢

贊助及贊助協助：經達緯貿易股份有限公司，及安卓

網路直播：公民攝影守護民主陣線

年輕的力量進國會電子書下載：

Gumroad（主推，有 Kindle 版）

Google Play

年輕的力量進國會網址：

年輕的力量進國會直播網址：

兩黨三位領導人的觀察

綠黨李根政、社民黨范雲、時代力量黃國昌，各自對選戰做了回顧及對未來的展望。

選舉結束後，時代力量和綠社盟，勝負結果對比明顯。時代力量在區域立委部分，上了黃國昌、林昶佐、洪慈庸的三席，加上政黨票有百分之六點多，所以不分區立委上了高潞・以用和徐永明兩席，共五席。綠社盟則區域立委沒有席次，政黨票因爲沒過百分之五的門檻，所以不分區立委也沒有席次。

李根政

爲了對選舉結果負責，綠黨召集人李根政和社民黨主席范雲都請辭。我先訪問了李根政。在選前，我們做「年輕的力量進國會」系列訪問的時候，李根政說過一句話：「二〇一六年我們能拿到多少選票，就是看過去二十年超越藍綠、公民自主的選票有多少。」選後我們談話時，李根政講的第一句話也是從這裡開始。

黃謙賢攝影

「原來雖然有很多人想支持第三勢力，但是在一些大的浪潮之下，還是改變心意。像是民進黨力呼集中選票，陳菊在高雄淚灑會場地要求支持者的票回籠，都讓許多人想到還是應該讓民進黨穩定地贏得多數。」李根政說，「周子瑜事件，更是讓大家覺得一定要讓國民黨倒才行。」

他說，身邊很多幫忙拉票的人，都說最後關頭看到回縮的反應。「我相信時代力量受到的影響更大。他們本來的支持度是更高的。」

李根政說，就細部來說，還有很多其他可以進一步檢討的地方，譬如因爲時間不夠，倉促之下工會力量沒有發揮出來等等。但整體而言，「國民黨不倒，台灣不會好」的大氛圍太強，所以台灣眞正要扶植一個第三勢力，還是要等這次民進黨全面執政之後。「他們再做不好就沒有話說，才會有更多人考慮支持第三勢力。」

李根政說，看綠社盟台北市幾位候選人的得票，未來在二〇一八年的市議員選舉，不論是他們自己要選，或者培養新人，都有希望。「但目前困難的是，我們沒有資源，如何支持下去。」

現在最令他感到鼓舞的，也和二〇一二年不一樣的是，選後大家對綠社盟的反應，出乎意料。「在選後第二天，綠黨在臉書上出了一個線上問卷，請大家填寫。結果你猜猜看，有多少人上來填？」他問。接著告訴我，「有兩萬人。我們嚇一跳。我們會再彙整他們的意見，進一步檢討。」

范雲

訪談李根政之後，我再和范雲見面。她除了和李根政一樣，談了整體情勢的影響之外，也談了自己的事。

許多人有個印象，就是社民黨和時代力量在「公民組合」破局，各走自己的路，有個原因是雙方在和民進黨保持什麼樣的合作關係和距離、對蔡英文如何表態上，有不同的立場。

Beatniks 攝影

所以到選舉開始之後，范雲列名民進黨和柯文哲共同支持的「首都改革陣線」，又和蔡英文一起做便當，就引發質疑的聲音。到選前幾天，媒體報導范雲公開支持蔡英文之後，就在支持者間激起更大的爭議，直到選後還風波盪漾。

那天我見到范雲，她的解釋是，那並不是臨時起意的表態。綠社盟內部，本來就已經達到共識，並且她早在選前一個半月就在自己臉書上公開表示支持蔡英文，只是最後那幾天媒體追訪，她的回答才又上了新聞。

范雲說那天李根政剛好發了一個公開聲明，可以為她佐證。稍晚我去找來看，李根政表達「范雲個人表態支持蔡英文，並未違反綠社盟的共同規範」，並且「范雲作為聯盟共同召集人與區域候選人，選舉中的作為仍在本聯盟共識範圍內」。而李根政也為他考量選戰末期的媒體效應，當時沒能立即出面為范雲澄清而致歉。（至於范雲去柯建銘新書發表會合照引起的風波，聲明中表示范雲承認是訊息來源的誤判。）

後來，回頭看是否支持蔡英文這件事情上，范雲承認自己確實是做了個比較複雜的決定。「很多選民的邏輯沒那麼複雜。他們問你總統支持誰的時候，就該單純地回答。」范雲說，「我都已經說了支持政黨輪替，可以更簡單地、更清楚地回答。」

她得出一個心得：「自信心、自主性、彈性，是我們應該在選舉中兼顧的。但這次有些地方過於僵硬。」也因此，范雲說，「現在回顧起來，當時李晏榕去見宋楚瑜的事，也應該多給一些彈性。」

她還看到自己大安區有個有趣的現象。大安區是第三勢力大亂鬥。許多候選人都希望自己的票多，所以「沒能力搶到支持蔣乃辛的票，就希望搶到我的票。結果老二打老大，老三、老四打老二。」

這次范雲輸蔣乃辛一萬七千多票，她說在這個傳統藍大於綠的選區是很難得的成績。因此，接下來，她會繼續深耕大安區，接觸更多的藍色選民，不論是綠社盟或社民黨，在二〇一八年的選舉都會推一名市議員候選人。

范雲看到的大方向，也是台灣就是要改變。「但改變的時程和我們想像的不一樣。想要現在就監督民進黨的人，沒想像中多。」因此，她也得出同樣的結論，「國民黨盡快被淘汰，新政治才可能比較快實現。」

對於綠社盟拿到的三十萬票，范雲說她聽到謝英俊的一個說法很有意思。「謝英俊說這三十萬張票是乾貨，要泡水，等發酵，等發揮作用。所以我們很感謝包括蔣勳，及其他一些作家願意站出來相挺。也請大家繼續支持。」

黃國昌

選前一天去看黃國昌，他對自己選情已經是有相當把握的樣子，分析起整體情勢，也很清晰。選後再去訪問他的時候，結果都大致如他之前的分析。

對於區域立委選舉，黃國昌說，「邱顯智的地區比較辛苦，但我們都以他們的團體爲傲。他們拿到的每一票都很結實。但是被大情勢所影響。」

談起不分區立委，他說，「民進黨前一個星期的動作，影響很大。選前民調顯示，我們不分區立委可以拿四到五席。但民進黨集中選票喊得太凶。加上大家要教訓國民黨的意念太強烈，後來就如此。很可惜的是鄭秀玲，只差一點就可以進不分區立委。」

整體而言，黃國昌的感受是，「新的政黨可以有這樣的出發，我們心存感激，也戒愼恐懼。可以倚仗的是理念加表現，否則我們在時代的洪流裡撐不下去。」

很多人說時代力量是民進黨的側翼。選前有一天，我問一位民進黨大老的看法。他笑起來，說了一句大意如此的話：「他們是何等自負，怎麼可能甘願當民進黨的側翼。」

選前問起黃國昌這一點，他自己則簡潔地舉了個例子來回答：「譬如，兩岸人民協議監督條例，在三一八之前民進黨是不理的。但三一八之後，民進黨全體立委，包括黨團全體都同意。」

陳柏宏攝影

因此他說，「未來，蔡英文要做的事，如果理念符合，我們會支持。如果他們濫用行政權力，我們就理性監督。」

選後，因為民進黨在國會獨自過半，所以當我問他萬一民進黨有些換了位置換腦袋的事情發生會如何，黃國昌露出少見的笑容，「那就正好給了讓我們證明一些事情的機會了。」

至於有人在好奇萬一四年後民進黨對時代力量不再禮讓的問題，他則很快地回答，「四年後的事，現在講太早，太臆測。也沒有把事情的輕重緩急看清楚。選民的付託，你幹得好，自然有機會。幹得不好，別人讓你也不行。」

黃國昌相信，接下來他和時代力量要堅持的，就是以專業問政的能力，加上法案的品質，還有對國會運作方式根本理念的堅持，在國會做出好的表現，擴大民眾認同的基礎。

對於時代力量進了國會要做的事，黃國昌從選前就強調了三點：

第一，要有專業、透明的新國會。

他強調時代力量要推動改革的時候，不會是喊口號。和憲政民主改革有關的，他們的重點有「兩岸人民協議監督條例」、「公民投票法」、「立法院職權行使法」、「公職人員選罷法」。「這些，可以先修法改的就先修法，要等修憲才可以改的就等修憲。國會改革裡，黨團協商是個重點。」他說。

另外兩個重點，則分別是「年金改革」和「租稅改革」。

在這兩點上，黃國昌說他們都強調要兼顧世代正義、分配正義、財政永續。「所以我們主張採務實、穩健的改革。舉例，年金改革就不會一次到位。總之，我們會倡導議題，也會跟隨民意調整速度。」他說。

對於這樣的未來，「挑戰很大，但是我有信心也有企圖心去做好。」他說。

黃國昌表示，他所看到的挑戰是：當你說要把社運力量帶進國會，那要如何做到？進了國會後，你是否會變得跟你不喜歡的政治人物一樣？

還有一大挑戰就是人才。「人才要如何符合選後那麼高的期待？並且不能只在台北，要在全台灣其他地區都有。」黃國昌說，「這不是有一兩個超人就可以，而必須群策群力。我對現有的團隊不挑剔，但人才不夠就是不夠。所以，吸納人才是我們的重點。」

對於學運世代，不論是加入民進黨、時代力量，還是綠社盟的，黃國昌說這次選戰都可以看到他們的創意、活力和行動力。

「我和更年輕世代的基本理念沒有什麼不同，但做事的方法可能更務實，更沉穩些。他們可能希望步伐更大更快一些，但我們才剛起步，沒長大，不要沒站穩，就先被打趴。」他說。

對同樣也正有年輕的聲音要冒出來的國民黨，黃國昌的建議是，「國民黨讓這些年輕人起來，可能還有一搏的空間。如果他們黨主席還是讓洪秀柱這樣老一輩的人當，我們就利用接下來的兩次選舉，把他們徹底擊沉。」

總結他對選戰的回顧，黃國昌說，「我最驕傲的不是我贏，而是我怎麼贏的。我一直堅守我打這場選戰的原則。」

那天要離開的時候，黃國昌也是引用他在「年輕的力量進國會」訪問時所說的一句：「讓我們在立法院裡多堅持一點，讓理想和現實之間的平衡點，總是能往理想的方向多移動幾吋，就可以使台灣更進步一些。」

苗博雅看下一步

（社民黨新任發言人）

○：選後有什麼感想？

◎：就區域票來說，這次我們很多人雖然沒有當選，但是都有不錯的成績。像我、李晏榕、呂欣潔都拿到百分之十到百分之十二的選票，這表示說每八到十個人裡，就有一個人不受大黨的指揮來投票。這個比例顯示有一群獨立的選民，是依照自己的喜好和理念價值來投票。在未來的政局裡，這樣的選民會形成一股關鍵力量。

就政黨票來說，百分之二點五的得票率不滿意，從客觀上來講也是敗選，但是兩黨倉促成軍，有很多新的事情要學習，能拿到三十萬票，也是有一定的民意，只是沒能取得席次。所以我們要感謝支持者、感謝志工。不只我自己，社民黨，包括綠黨，也不論區域或不分區，都要思考如何站在這個基礎上再持續推進。

○：有什麼樣的檢討嗎？

◎：比較全面的檢討，可能要到三月之後。

我看到《報導者》有周奕成和你的一些報導，帶有距離的觀察，就很好。我覺得帶有距離的支持者的意見，甚至可能比最核心的意見還重要，因為他們距離一般選民的角度更近。

像周奕成就認為，如果我們更早表態支持小英，結果可能會更好。支不支持小英的議題，的確糾纏了范雲太久。從某方面來看，可以說是我們自己做成了這種糾結。

當選民問你總統要投給誰的時候，你不可能沒意見。立委對總統沒有意見，是一種欠缺政治能力的表現。我們在理念上不可能支持朱立倫，那不就剩下蔡英文了嗎？而支持政黨輪替，不代表選後就不能監督她。當然，我們知道，自由是不存在倚賴的關係。如果我們倚賴大黨，那是我們失去了自由。但是如果單純地表態，這也是倚賴嗎？

所以，像這樣的事情，未來如何和選民溝通，是很好的議題。

另外，從周子瑜事件聯想，我想，選戰中我們對台灣的主體意識也還不夠凸顯。

○：接下來有什麼要做的事？

◎：政治是個專業，選舉是個專業。如何讓我們從社運參政取得好成績，大幅地提升自己的政治能力，很重要。

我們同志的人格、政策理念，絕對是有一定水準。但很多人是從社運跨足到政治領域，所以如何讓自己的政治專業能力在很短的時間裡快速地向上提升，是未來綠社盟也好，社民黨也好，發展的關鍵。

我自己認為接下來最重要的事有兩點：

第一，社民黨必須站穩腳步，站好一個大家可以信任的在野黨的位置。

第二，在地方上找到資源，把組織做下去。持續地讓選民知道社民黨在服務他們。

蕭美琴的例子很好。但是蹲點不是免費的。所以也要看如何找到資源，又不違背我們原有的價值和信念，並有安定性、未來性，可以持續下去。

〇：和綠黨的合作呢？綠社盟如何走下去？

◎：合作，應該有「一加一大於二」的效果。現在綠黨和社民黨都面臨如何生存的問題。我們各自都應該先看看如何維持自己百分之百的完整。然後再看中間的加號。加號代表的是一種合作方式，我們要看用什麼合作方式可以「一加一大於二」。這樣才能對台灣的政壇加分。

我們應該檢討過去的合作，做得好的留下，不好的拿掉，這樣未來才有「大於二」的可能。如果沒法「大於二」，其實我們各自在政治光譜中有自己的位置，保持友黨的關係也是一種合作。不一定要組織全部合起來才有戰力，友黨也是一種形式。

〇：就社民黨本身而言，要注意的事情又是什麼？

◎：社會，或者群眾，對某個概念的耐心是有限的。對新媒體如此，對新政治也是。我們要能夠突破台灣人對政治的想像，不要消耗台灣社會的耐心。而「社會民主」的招牌是很大的，所以要扛好，扛亮，一定要努力。不能因為這次沒當選，就説不算。

我們的承諾不是到一月十六日為止。這是一個要進行二十年的政治改造工程。要經歷五次大型選舉，從地方到中央，一步步累積。

三十年前，台大學生的假投票，投給民進黨。今年，台大、中山大學的假投票，投給綠社盟。這是很令人鼓舞的。我們要相信這個政黨在二十年之內大有可為。

今天的確我們沒有資源，沒有人力，很艱難。但政治就是要有把不可能轉換為可能的能力。所以我們要持續讓自己保持在一般大眾的視線之內，讓人想像：如果我們有進入立法院，會發生什麼事情。不論是在低薪勞工，還是服貿、貨貿、TPP（跨太平洋夥伴關係）這些議題上。

我們的每一步都得讓已有的支持者相信，覺得值得；要讓潛在的支持者覺得心動。我們就是要持續保持自己的進化。

Case Study

曾柏瑜

從選前到選舉中到選後，觀察這位二十四歲的立委參選人，近距離體驗選舉的現實，以及年輕的理想和勇氣。

選前訪問

和曾柏瑜見面的那天早上，下雨。她走進綠黨在台北辦事處，穿著雨衣的樣子，就和路上任何一位大學生的樣子沒什麼差別。當然，當她開始談話之後，就都不一樣了。

我寫《如果台灣的四周是海洋》，裡面有一章是〈被遮蓋希望的年輕人〉，緊接在〈沒有下一棒的經濟〉之後。我談的，是年輕人在今天我們政府經濟發展思維裡的困境，以及因爲沒有年輕人參與，我們經濟沒有新發展的困境。

但那一章主要談的是出了社會的年輕人。那天和曾柏瑜訪談的過程，則讓我第一次看到年齡層更往下的年輕人的困境，他們從還沒出社會，還在大學時期就背起的沉重負擔：學貸。

也正因爲如此。我又特別爲她是怎麼開始參與公民行動，以及走上參選立委的路，感到印象深刻。

曾柏瑜家是白色恐怖的受害者。國小的時候，曾柏瑜父親收到平反的賠償金，雖然一人只有幾千元，但父親卻對政治產生狂熱。也可能因爲父親的影響，曾柏瑜在高中就對社會學感興趣，加入人文科學營隊，想做社會改革。然後大學就讀政大社會系。

也因爲家庭因素，曾柏瑜很早就開始工讀。二〇一三年，她讀大三，平時接學校很多助理的case study，當補習班的小老師，還兼打一些其他的工。

那年七月十八日下午，曾柏瑜在一間咖啡廳裡打工。就在清理桌子的當兒，她不經意地看到了電視上播出的大埔事件的新聞。

「我受到很大的震動。」曾柏瑜說，「我突然警覺到打工是爲了維持生活，可以做想做的事，而不是一直打工，反而做不了自己想做的事。」

她知道自己不能只是讀社會系卻不投入社會運動。經過兩個月的摸索和思考，加入了黑島青。

次年，三一八學運爆發，她讀大四，就休學，全程參與。她負責的事都和人有關，像糾察站籌備和街頭審議式民主組長。後來退場晚會，也是她和蔡中岳一起主持的。

「結束後，有一兩個月我的情緒很低落。」曾柏瑜講話的時候，已經是在講別人事情的語氣了，「我覺得背負了大家的希望，卻又沒達成任何事情，而三一八，不可能再來一次。」

曾柏瑜說，她在那段低潮期一直在思考幾個問題：是否社會運動並沒法造成社會改革？爲什麼更多人進來參與社會運動的時候，卻會把力量分散？還是她自己不適合？

「然後我想通了，」她說，「社會運動和政治改革必須兩輪前進。否則，社會改革就會很慢，很小。」

這樣，曾柏瑜加入了綠黨，也成爲這次立委選舉最年輕的參選人。

◎

曾柏瑜的選區在新店、烏來、坪林、深坑、石碇。這個選區傳統上一直是藍大於綠，今年她的主要對手是國民黨的羅明才，外加民進黨的陳永福。

一個二十四歲的年輕人，在知名度、金錢、人力都不足的情況下，要在兩大黨的夾擊下脫穎而出，聽到的人都會說是不可能的任務。但是曾柏瑜和她的四個核心夥伴，卻一直士氣高昂地打這場選戰。

「我想告訴大家的，就是我可以爲他們提供不同於過去的服務。我想把我的社會學所學和所長，在新店實踐。」曾柏瑜說。舉例來說，二〇一五年八月蘇迪勒颱風造成烏來嚴重災情的時候，他們就透過網路號召了大約一百人次的志工，進入烏來山上的原住民部落忠治部落，幫忙清理沖入民宅的泥沙。

也從這些點出發，曾柏瑜說她的競選政見裡最重要的是：大台北行政區重劃，大新店溪流域併入台北市。

曾柏瑜說她也知道要大家就相信一個二十四歲的年輕人提出來的這些政策，並不容易。但是，她說：「只要大家願意聽聽，接受一些理念也就是很大的一步。」

曾柏瑜說她不覺得這種溝通辛苦，也很享受做這種溝通。「因爲我一直就相信：民主本身就有很大的溝通成本。」

在她競選過程中，支持她的人，願意列名顧問來聲援她的人，越來越多。從李遠哲、黃武雄、姚立明、史英等，一路到吳念眞、小野、魏德聖等近三十人。

我自己，則是在「年輕的力量進國會」系列訪問發表完成之後，在選戰的最後六天，去擔任了曾柏瑜的志工，爲她策劃了一個報導，也和她一起進行了街講，近距離地觀察了一個年輕人參政的過程。

選舉中的紀錄

一個24歲立委參選人的24小時

大選前四天，1月12日的曾柏瑜

攝影・何經泰／撰文・陳季芳／美術・顏一立

07:10
選舉是殘酷的。
即使連續高燒了兩天
（剛剛才量了體溫，超過了三十八度），
很想再睡一下再睡一下的曾柏瑜，依舊拖著疲憊的身子，
一炷香祈求祖先保佑，
開始了戰鬥的一天，繼續和時間賽跑。

07:20

出了家門，一陣寒風撲面，幾絲冷雨醒腦。
一輛小小的摩托車，
曾柏瑜競選秘書長蔡昆儒，載著她出發。
這是上班，還是競選？
「半年前，我決定參選，也沒想到選舉這麼辛苦。」
但是，踏出了第一步，再也沒有反悔的機會了。

261-KU

台灣綠黨
立委候選
2
曾柏瑜
新店
深坑
石碇
坪林
烏來
THULE
ABB-3801

07 : 30

第一站環河路口，這就是站路口。
對著一輛輛車窗緊閉的車流，曾柏瑜揮手、鞠躬，喊著「早安」。
絕大多數的汽車忙著趕路，沒空理她，但只要有一輛車搖下了車窗，對她揮手；
甚至只要輕輕按一聲喇叭。
感激的眼淚，就流到了她心底。

碧潭
中正路
新北環快
曾柏瑜
隆客運

08:30

孤島求生。

這一站就是兩個小時，千軍萬馬奔騰而過。

曾柏瑜的活動統籌蔡承婷說，曾柏瑜的競選強度，從沒有衰退，

半年來都是如此。

每天趕不完的「拜託」，鞠不完的躬。

無論天候晴雨寒熱，步步到位。

柏瑜抵家
新店 深坑 石碇 坪林 烏來
為台灣許一個新希望

09：30

這間小小的公寓，
就是曾柏瑜的競選總部，
作戰中心。
她的經費有限，
家裡支援五十萬，加上募款百來萬；
她請不起人，除了全職尖兵五人，
其他，全靠志工幫忙，
有上班族，有學生，
「他們抽空幫忙，已經很難得了，
我除了感激，也只有感激。」

ONE
TAIWAN
台灣
就是力量。
中國國民黨總統候選人
1 朱立倫
中國國民黨立委候選人
1 羅明才
慈和護理之家

10：30

曾柏瑜掃街所經之處，是她的對手羅明才的競選總部，
不，不如說是競選活動廣場。
這塊地有多大，有人說五百坪，有人說一千坪，大到很難估計。
而這個時間，國民黨前總統候選人洪秀柱，正在台上，對著上千選民，大罵柯 P，
「換人做做看，把大巨蛋做成了大爆蛋。」

12：00

前一天凌晨，
曾柏瑜高燒達四十度，
前一天，在三十九度上下徘徊，
今晨三十八度。
在最後衝刺的幾天，
她絕不能倒下去。
於是，每一個行程的空檔，
她得吃點東西，喝碗熱湯，
不能忘了吃藥。
選舉變成了搏命。

竹炭水

14：00

又要開始另一段掃街。
曾柏瑜在足踝套上了彈性護帶。
一個窮候選人和一個凱候選人，
最大的不同，便是，
沒有滿街的看板打知名度，
沒有跑路工包圍捷運站，
沒有「空」宣傳車拜託。
她，有車就得有人；
她，自己亮相；
她，親自拜託。
她不是看板，
她不是原子筆，
她不是一輛車，
她不是一張文宣。
她是，立委候選人。

2
會柏

15:00

在出門掃街之前，
有個警察上門詢問掃街有多少輛車？
兩輛，一輛前導的宣傳車，一輛曾柏瑜所站的吉普車。
她曾經受過網路恐嚇，
在街講時，也不時出現不明分子吐嘈。
警方不敢怠慢，掃街時的前後警察多達十四位護衛。
但真正陪伴她的是，
粉紅柏瑜公主，她的吉祥物，
溫暖的象徵。

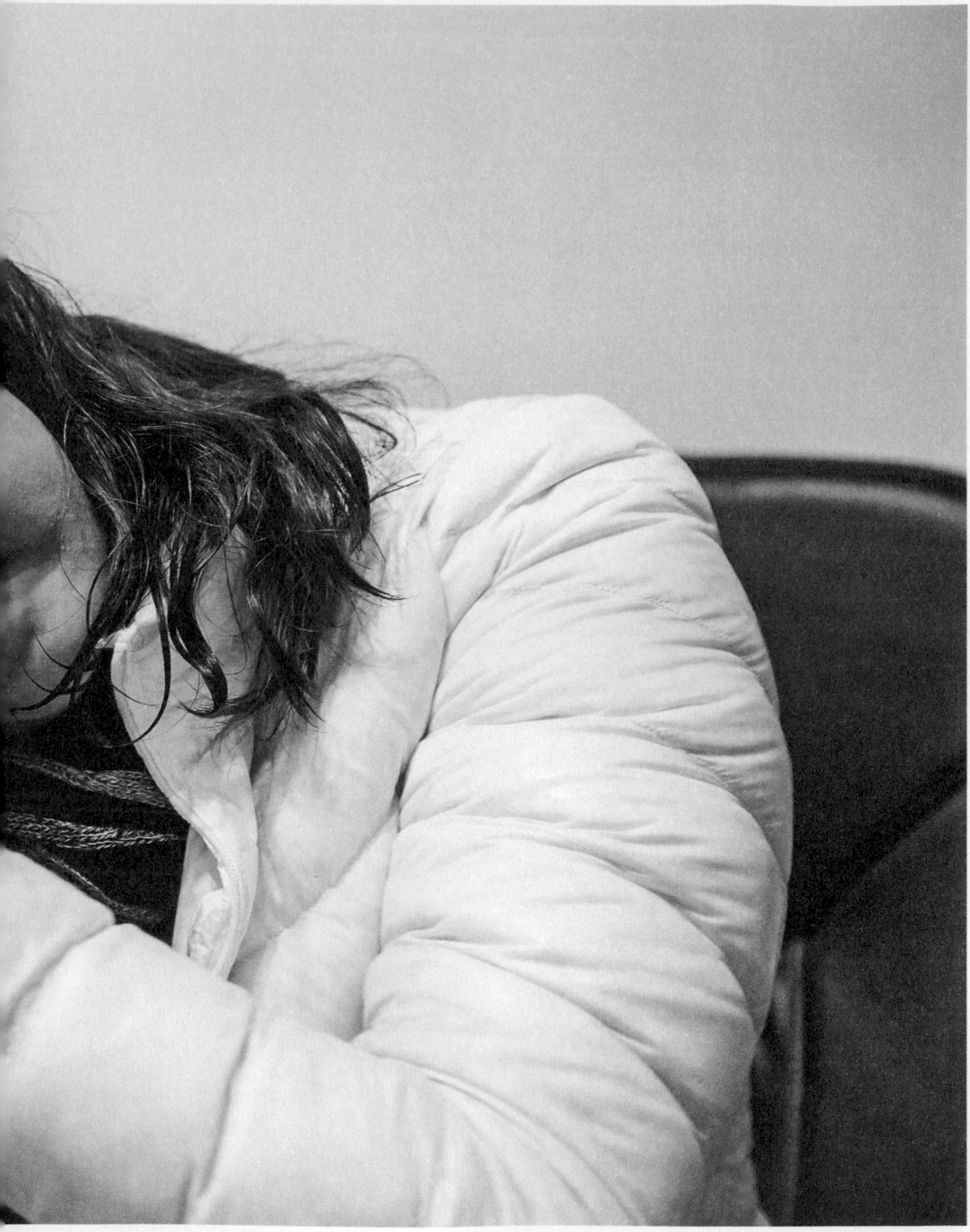

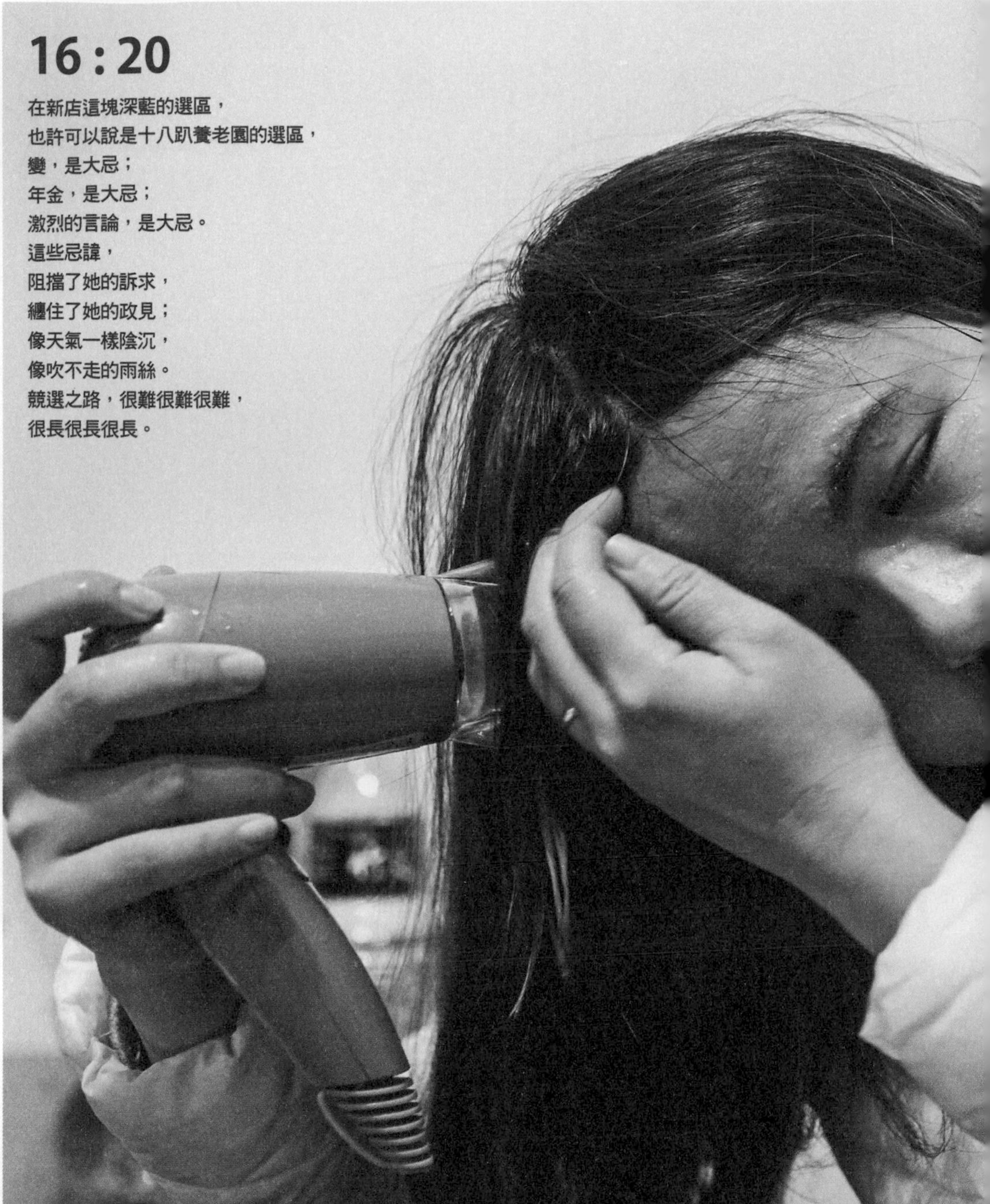

16：20

在新店這塊深藍的選區，
也許可以說是十八趴養老園的選區，
變，是大忌；
年金，是大忌；
激烈的言論，是大忌。
這些忌諱，
阻擋了她的訴求，
纏住了她的政見；
像天氣一樣陰沉，
像吹不走的雨絲。
競選之路，很難很難很難，
很長很長很長。

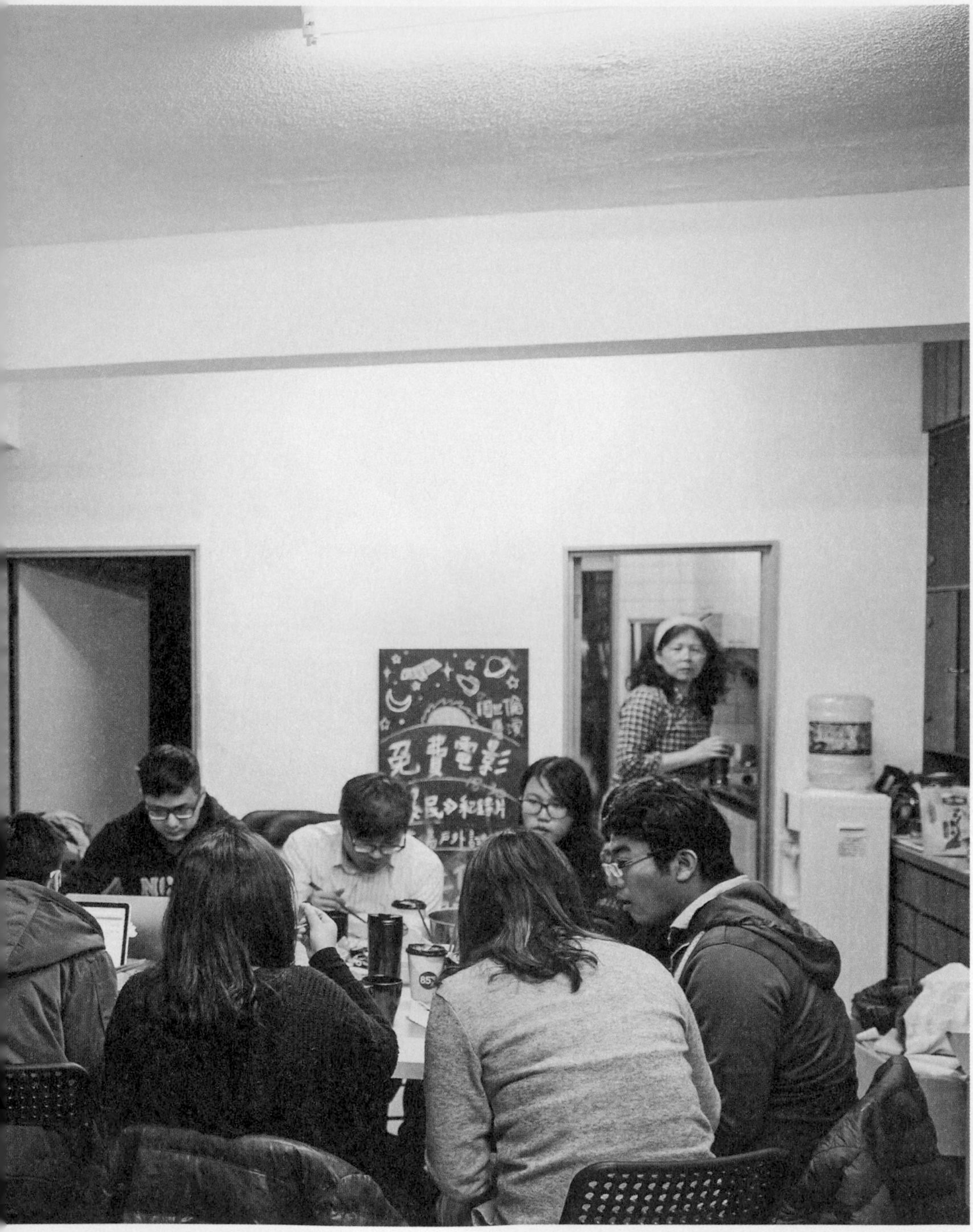
免費電影

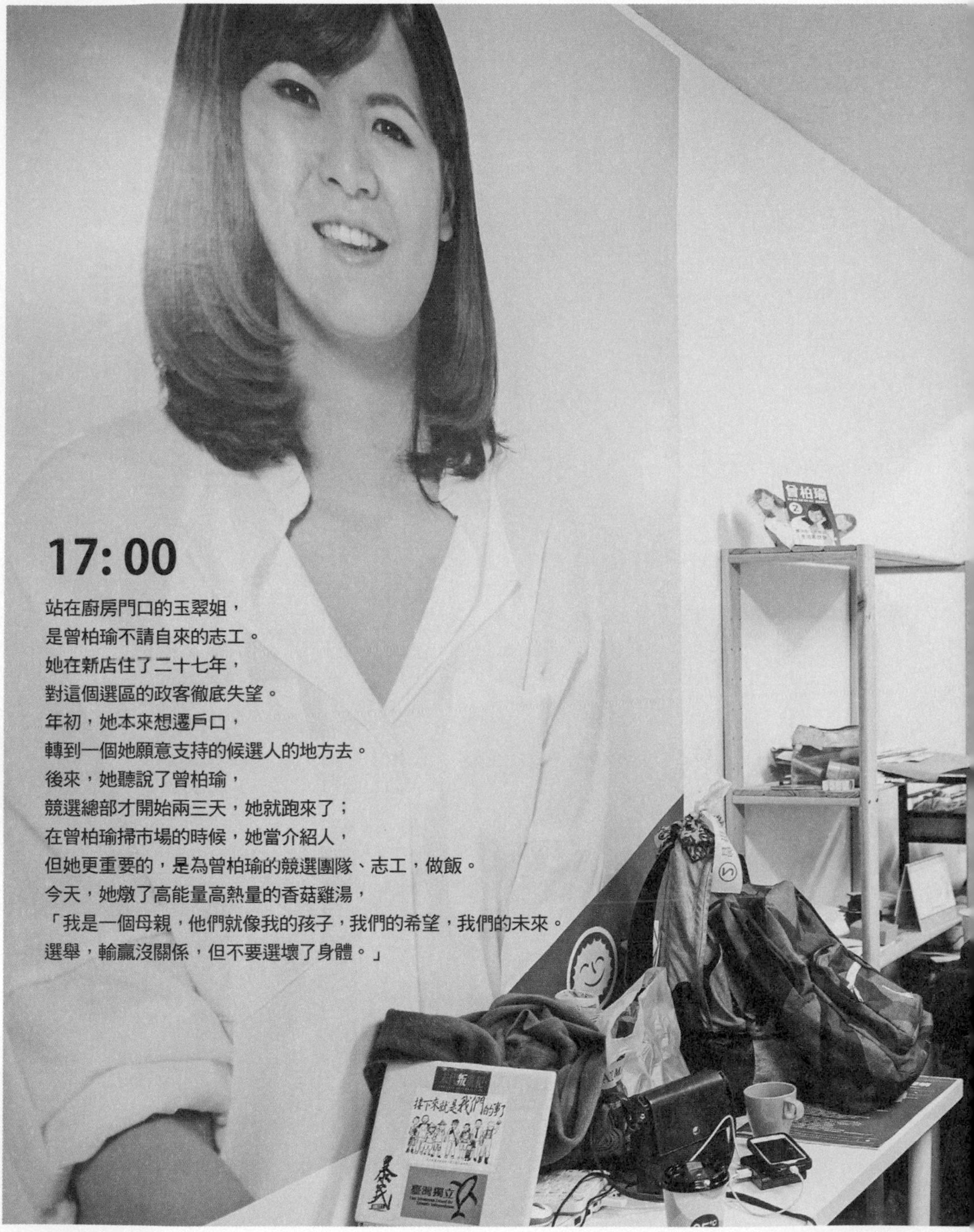

17: 00

站在廚房門口的玉翠姐，
是曾柏瑜不請自來的志工。
她在新店住了二十七年，
對這個選區的政客徹底失望。
年初，她本來想遷戶口，
轉到一個她願意支持的候選人的地方去。
後來，她聽說了曾柏瑜，
競選總部才開始兩三天，她就跑來了；
在曾柏瑜掃市場的時候，她當介紹人，
但她更重要的，是為曾柏瑜的競選團隊、志工，做飯。
今天，她燉了高能量高熱量的香菇雞湯，
「我是一個母親，他們就像我的孩子，我們的希望，我們的未來。
選舉，輸贏沒關係，但不要選壞了身體。」

17: 30

曾柏瑜在打一場不對等的選戰。
她勢單力薄，但她說，
她從不感到寂寞孤獨。
她小小的競選總部，
不時冒出陌生的選民，為她打氣。
今天之前，有位平頭壯漢，
匆匆而至，「我來捐款。」
掏了錢拿了自動列印的收據，轉身就走。
這位女士也是來捐錢，
但她對曾柏瑜說了幾句鼓勵的話。
曾柏瑜說，就是這些力量，
支持我一路走過來。

一起
將新願
實現
新店 深坑
新北

18:00

步行掃街拜託鞠躬送面紙，
是台灣選舉必要之苦。
但是，你拜託，人家不見得會理；
面紙，人家也不見得會收。
曾柏瑜說，「起先，我覺得很尷尬。」
現在呢？不會了。
因為，也有人會跟你握手，「加油」；
也有人會用雙手接過你的面紙。
這在寒夜裡尤其重要，
這樣就夠了。
「給年輕人一個機會。」
曾柏瑜樂觀地說，這就是機會。

打造真實新政治！
曾柏瑜
新店｜深坑｜石碇｜坪林｜烏來
2
台灣大學研究生｜政治大學學士
立法委員參選人

2
曾柏
深坑
石碇
坪林

18：30

台灣的新聞媒體，有點戀父情結的傾向。
對曾柏瑜這位最年輕的立委候選人，近乎漠視。
反倒是境外媒體，對她很有興趣，
這天，中國的搜狐一組兩位記者跟了她大半天，
掃街、專訪；
晚上街講之前，她一出現在大坪林站，
攝影機立時把焦點轉向她。
曾柏瑜是未來的象徵，
是新價值觀的代表，
她的微小，並不表示沒有光明；
她的努力，是台灣的方向；
她的勇敢，正是有青才夠勇。

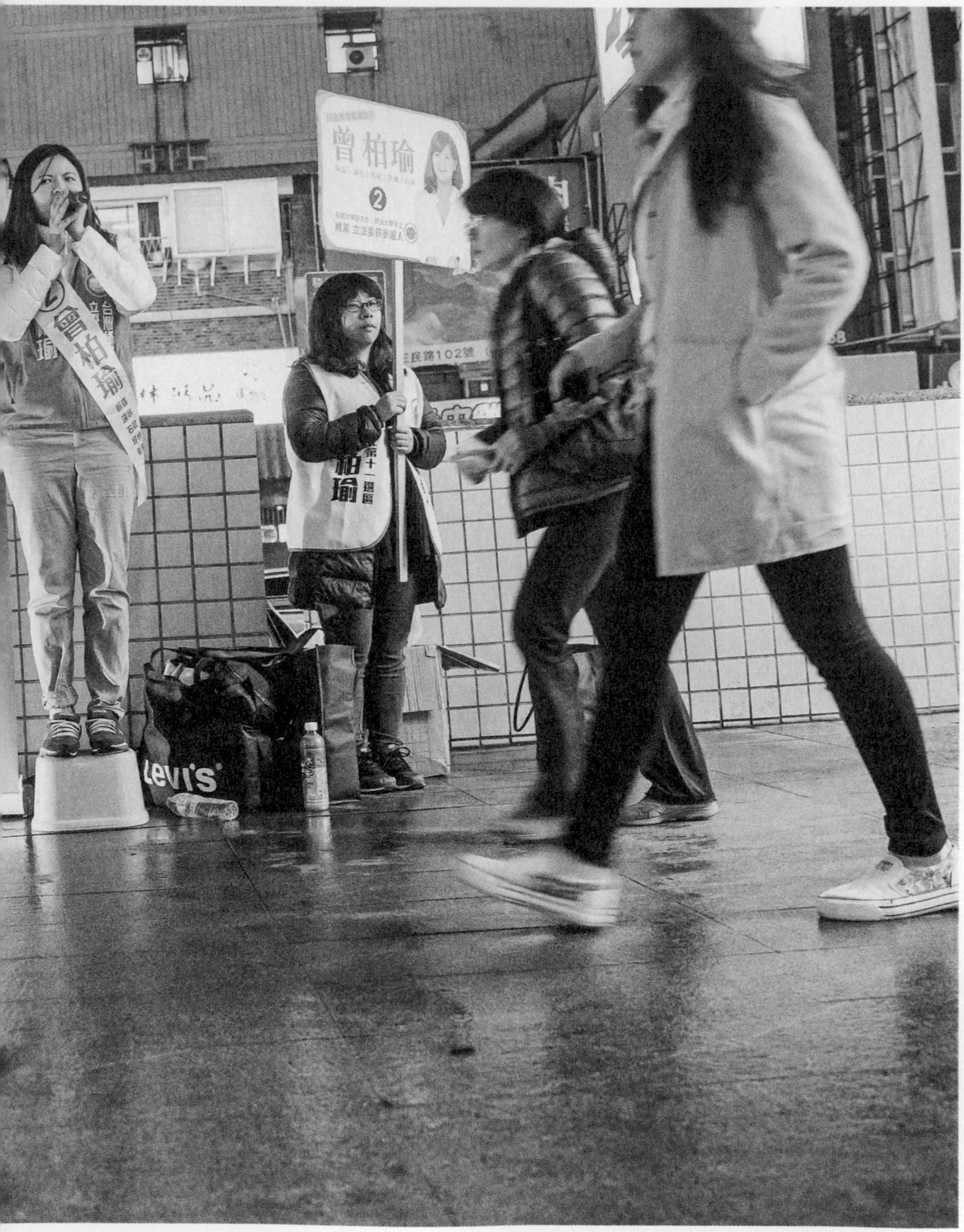
曾柏瑜
2
立法委員參選人
曾柏瑜
柏瑜
第十一選區
民路102號
Levi's

19：00

北捷大坪林站，為新店選區兵家必爭之地；
下班時刻，三位候選人，重兵盤據。
但是，只有曾柏瑜親身在現場街講。
薄雨飛揚，人行匆匆，少有人駐足。
在短短二十公尺的步行時間，
曾柏瑜得把她的訴求濃縮在一分鐘內，最重要的，卻只是「二號曾柏瑜」，
大家認識我，就見到了未來。

104
美容

19：20

鞠躬要鞠多深？
九十度，絕對不夠，
一定要比九十度還要深一點點，
才是所謂深深的一鞠躬。
曾柏瑜在為誰鞠躬，
為自己，為選票，
還是為台灣，為未來？
誰有答案？
鞠躬要深，
但是彈起來後，卻要挺得直，
這才是鞠躬的真義。

候選人
2
曾柏瑜
台灣綠黨

20:30

追垃圾車，也是台灣選舉的特殊選項。
小黨小候選人之必備技能。
集合式住宅，無論是公寓還是社區，
門禁日益森嚴，候選人進不得門，見不到人；
幸好台灣徹底執行垃圾不落地政策，
家家戶戶總得倒垃圾，
這是候選人和選民難得的見面機會。
這裡的眉角，
垃圾未離手，只能寒暄；
垃圾上了車，才能送上面紙。
見面三分情啊。

周世倫
導演
免費電影
18:30
《暴民》紀錄片
首場戶外試片!!

21：10

一天的選舉行程結束了，
但選戰還沒結束。
檢討今天，策劃明天，
補充體能，
是曾柏瑜一天中最後也是最重要的項目。
「今天，只能說還好，不累。」
剛剛，她又量了一次體溫，三十七度，
她長長地吁了一口氣，
「明天加油。」

選後訪問

選舉結束，曾柏瑜得票二萬兩千四百八十七，少於羅明才的九萬三千多票，以及陳永福的六萬七千多票。但是以一個第一次參選、各方資源都不足的年輕人來說，能拿到百分之十二點二一的選票，已經難能可貴。

選後，曾柏瑜的團隊全都因拉肚子、腸胃型感冒而休息了一天。接著，他們就開始四處謝票。我在謝票的最後一晚再次去訪問了曾柏瑜。

○：怎麼看選舉結果？

◎：這次投票率比上次還低。國民黨上次的政黨票有十三萬，這次九萬。羅明才的得票率，也從百分之六十七降到百分之五十一。所以可以看出大家對國民黨的失望。

民進黨這一次換了人來選，但是仍然拿六萬六千票左右，沒有變化。

我拿到兩萬多票，百分之十二的票。當地的鄉親說很好，但我在登記前，支持度就快百分之十，到最後只拿到百分之十二，應該還是有受到民進黨棄保之說的影響。

我曾發動兩次反棄保，但是也沒法很激烈，以免和原來溫和的形象相反。

檢討起來，我是吸引到淺藍對國民黨失望的人。但都是空氣票，宣傳而來，沒有拿到組織票，譬如社大、土風舞、太極拳聯誼會、義消組織、家長會等。

○：對綠社盟的得票有什麼看法？

◎：選後綠社盟開了很多檢討會。綠黨有些人的看法是：選前的周子瑜事件，影響很多人要把票投給他們認爲最能「捍衛」主權的政黨。這就影響到綠黨。

但是我認爲周子瑜影響沒那麼大，更關鍵的是綠黨對於形象塑造的不足。

○：透過這次選舉，你看到的希望和障礙各是什麼？

◎：我看到的希望是：在那麼深的黑暗中，有兩萬多人願意支持你。很多志工，十八到十九歲的志工，他們投入的熱情尤其使我感動。

我看到的障礙是：看起來第三勢力有空間，但是還很小。第三勢力沒有群眾基礎，需要蹲點。很多人以蕭美琴爲例，來講蹲點的重點。但不要忘了，蕭美琴是以不分區立委的身分去蹲點。

選民要你服務的時候，是需要一個有力的人，最好是一個「官」，去幫他解決問題。這和社運不同。在社會運動裡，當居民的自救會走到抗爭之路的時候，大都已經走投無路，所以即使是一些學生告訴他怎麼辦，都是可以接受的。但是選民對政治人物的要求是不同的。

我要說的是，蹲點需要有資源。你沒資源去蹲點，和一個隔壁鄰居有什麼不同？

○：那你接下來要怎麼走？

◎：選前，我還希望參政是一盤活棋。這條路可左可右。父母問起來的時候，我還跟他們說：人生還有其他的路。

但是選完，第二天醒來，就知道事實上是離不開了。我沒有其他的路，這條路就是要走下去了。對於支持我的人，不能辜負這些期待。我不再能說我要回家當家庭主婦。我的選擇不是我一個人的選擇。我就是要決定成爲二十年後的呂秀蓮或陳菊了。

○：你說的支持者是？

◎：我有核心團隊，全職五個人。再外層，有三、四十人是心靈的支柱。再外層，有幾百人，會送暖暖包來的人，還不見得是選民。再外層，就是那兩萬個投票給你的人。

我還需要更努力。那麼多人奮鬥了那麼久都看不到成果，如果你以爲努力了半年就可以達成自己的希望，那未免太高估自己，也太瞧不起別人了。

○：所以會考慮投入市議員選舉嗎？

◎：我有考慮是否繼續留在這裡選市議員。我們團隊裡有一位 Dora 也有在考慮。但是要如何維持這快兩年多的時間，是個課題。

五個人加辦公室，每個月至少要二十萬元。我們要先想好如何維持。我們在考慮開合作社，產品以小農、手作保養品爲主。但合作社社員要多，前期投資也大。

也考慮做社會企業，但都還沒決定。

但不論我們要不要選，我都覺得兩年後綠黨應該在這裡推市議員。市議員就是地方樁腳。因爲市議員是單一選區複數，選民對人和黨的連結沒那麼強，會更容易進行分裂投票，也可能基於一些補償心理支持我們。

○：還有別的選擇嗎？

◎：我也在考慮回綠黨的黨中央來進行改革。綠黨也在新舊交替中，大家滿希望改革綠黨。

我和你說過，當初我爲什麼選擇加入綠黨的原因。綠黨看得到韌性。在過去完全沒有第三勢力空間的時候都沒放棄，而之前的人事變動，也沒動搖過六大核心價值。

三一八的時候，很多人談的是結果、策略、成功。但另一批人談的是議場外的學生，他們需要被告知正在發生什麼。

那些學生不是沒有臉孔的人，不應該被當作運動籌碼。所以我說「重視人的政治才是值得嚮往的」，而綠黨比較溫暖，可以寄望。

○：你認為綠黨需要什麼樣的改革？

◎：綠黨需要從社運團體轉化爲政黨。綠黨不能當沒有席次的反對黨，那就和ＮＧＯ沒有什麼不同。

綠黨不是因爲黨太溫暖而失敗，而是黨中央沒有選舉經驗。他們對選舉的想像，和實際有差距。

譬如，他們相信「一致性」。但現實是，不同的人想聽不同的話。這需要有一種彈性。

他們相信「議題」的力量，以爲拋出「議題」就可以，甚至最後一星期提出新的政見也可以。

但事實上，光有議題不夠，要加活動，再加宣傳。

綠黨也不迷信政治明星。但一般選民不能抽象思考，所以要有代言人。綠黨的代言人不清楚，而主打綠黨，綠黨本身又不明確。

這些都是綠黨可以思考的地方。

Interview

林飛帆

選後的一個下午，林飛帆談解嚴後出生的世代已經參與及尚未參與的政治，對未來已經有及還沒有的想像。

○：過去幾年，年輕的力量一直在國民黨的對立面集結，但國民黨一直看不到。如果要回溯，這種情況是什麼時候開始的？

◎：就運動的脈絡來看，更早有樂生事件，但那是民進黨執政時期。

在國民黨重新執政後，要從二〇〇八年馬英九剛上台時候發生的野草莓運動談起。野草莓是因爲那年陳雲林來台灣發生的事而引發的。陳雲林來台，爲了保護他，動員了七千多名警力。而拿著國旗走在中山北路上的人，手指被折斷。對老一輩來說，那種衝突的場面可能稀鬆平常。可

何經泰攝影

我是一九八八年，解嚴後出生，當時大二，從小的記憶中沒有那種場景，所以是很大的衝擊。坦白說，野草莓的時候站出來的年輕人還是少數。但是運動結束後，各個大學紛紛成立學生社團。而當時的參與者，一直沒有散掉，後來到三一八的時候，都成爲主力。

○：八年前，陳水扁執政末期，馬英九原來還很受年輕人的歡迎。

◎：馬英九受歡迎，是建立在大家討厭阿扁上。所以這也是今天對民進黨的警惕。很多人對蔡英文的支持，是建立在對馬英九的討厭上。

○：之後你們又是怎麼發展的？

◎：大家不斷在校園中操兵。一開始是一批本土意識比較強，獨派色彩也比較強的。這些學生經過幾年的操兵、演練，到二〇一〇年國光石化事件，第一次形成各地學生組織串聯的行動，大規模集結，並建立之後的運動模式。

○：吳敦義在國光石化事件裡講白海豚會轉彎，真的成了名言。國民黨就完全沒有看到學生在做什麼嗎？

◎：洪秀柱有個系統，長期在大學校園裡專門搞議事組織。只是當我們在搞學生運動，討論各式各樣的社會議題的時候，他們還在討論開會該怎麼開，議事程序該怎麼樣，學生自治組織該怎麼運作。他們還在走菁英式的路子。

說菁英式，是因爲加入這些名之爲學生會或學生議會的組織，會受到有形無形的栽培，可能有機會出國，可能有機會到比較好一點的企業上班。很過去國民黨的模式。

學生會是過去國民黨和民進黨競爭的對象，二〇〇八年之後政黨色彩開始淡化，但到了選舉時間總不免有人出來表態。二〇一二年都還有。但現在翻轉，出現比較多民進黨籍的學生會長，而民進黨也投入比較多的資源，進行培力。

總之，學生會組織對兩黨都是很重要的政治人才增補系統。

〇：那你們這些新出來的學生社團呢？

◎：就和原有的學生會產生矛盾。因爲這些新的社團，草根性比較強，也反權威，運動論述也不斷批評學生會這種菁英式的做法。

很多學生社團操兵談的主題，都是學生的權利、校園民主，說起來很八〇年代，但是在學生運動重新要慢慢成長的時候，這些主題又回來了。討論學生會的角色，有人說是該站在學生方，有人說是校方，有人說是該扮演所謂學校和學生之間的橋梁。而我們這些新成立的社團都主張應該站在學生的立場，因此又被稱爲異議性社團、學運社團。

○：我記得第一次見你的時候，是在二〇一三年的夏天。當時記得你就在協調一些社團之間的事？

◎：學運社團爭的是路線，比的是誰比較左，誰比較進步，誰比較貼近現實。但其實很大問題還是卡在人與人之間，哪個運動由誰主導。譬如樂生青年聯盟比較左，比較不碰觸國族議題。野草莓的本土性比較強，某種程度上比較反中。

而誰主導哪一個運動，另外一批人就比較不會參與。但是到了三一八，那是個大集合，大家都投入。也因此，分不同的區，議場內，議場外。

○：看這次選舉，三一八學運成員的參與方式可以分三類。一類是像曾柏瑜，直接參選；一類是像陳為廷，去助選；還有一類是像你，因為當兵就都沒有參與。你有什麼樣的綜合觀察？

◎：學生之間的異質性很高。三一八之後，很多人加入民進黨，去新潮流的也比比皆是。很多運動幹部到小英的競選辦公室幫忙，從文宣到文稿。

也有些到綠黨，到時代力量去當黨工、幕僚的。其中去綠社盟的還比較多。但選舉結果，大都失敗了，像曾柏瑜、洪崇晏、陳爲廷等。

時代力量當選的這些人，是介於我們這一輩和再上面世代之間的人。

○：這現象說明了什麼？

◎：我們的時代還沒那麼快到來吧。也不能說這次經驗完全失敗。但是要反省一點：以學運出身轉入政治的，和現實的政治還是有段距離。我沒法那麼詳細地描述這段距離包含哪些內容。從這一波參政的過程來看，這些在社會運動裡比較進步的人，要轉變成選舉裡大家能認同的人，還是有限，還沒有那麼快。

而看這一波時代力量當選的人，坦白講，在區域立委的部分，都是要仰賴民進黨的地方組織系統。所以民進黨選前最後一波的操作，包括政黨票等，是在告訴第三勢力一件事情：你們要當選，還是必須靠我。你們談那麼多進步的價值和語彙，我只要一個動作，就可以全部收回。

這對時代力量來說，是滿大的隱憂。

○：政治的遊戲，一直要兼顧理想與現實。我畫了一個從社運到政黨，從理想到現實的象限

圖。你怎麼看我畫的這些政黨在這四個象限裡的位置？（編按：請參閱本書七五頁。）

◎：同意。我的看法也是這樣。綠社盟競選過程中，策略一直有些猶疑，所以角色有些擺盪。時代力量我覺得某種程度也是。只不過它一開始的定位就比較貼近民進黨。但是中間還是會遇到一些掙扎，包括邱顯智的事。最後結果，看來是又更貼近了民進黨。

○：時代力量本來是用邱顯智的參選，來證明他們和民進黨還是有距離的。

◎：但是看最後幾波的造勢，大家會有邱顯智還是被棄保的感覺。

○：有沒有想過，學運世代自己可以形成一個政黨？

◎：我很早就在想組黨這件事。從二○○八到二○一二反媒體壟斷，我們很像救火隊，哪裡房子被拆，哪裡有土地徵收，哪裡有罷工，哪裡發生事就去。

我想，我們沒有想一些根本的問題，像是這些問題爲什麼會發生？發生之後，我們年輕世代最優先最主要處理的議題該是什麼？我們是不是應該有自己的政治綱領，或者行動綱領？

我一直覺得有這樣的需要，也想過年輕人應該有自己的政黨，來面對這些議題。但也有人覺得不需要有這麼大的政治綱領把大家集結在一起，各人在自己選擇的議題上深入蹲點就好。

大部分人是在這中間擺盪。一下子覺得把某件事情做好就好，但又有時候覺得需要談大的論述。因此在中間猶豫。

在現實上，年輕人自己組黨還很困難。現實的問題已經夠困難，資金、經費，包括這一波組黨的過程。

即便投入老牌，十幾年的綠黨，你還是要從底層做起，從打開知名度做起。更不要說大家對如何介入政治的想像很混沌。沒有集體的想像。或即便大家想像的類似，也會因爲各式各樣的因素——人的因素、權力的因素，很難成爲集體。

本來，搞運動的時候大家一起搞，到後來介入政治，參選的時候，大家也應該形成集體力量。譬如我們這個世代的人就都投入民進黨，或是都加入時代力量，或是都加入綠社盟。但是沒有，我們反而是各自行動。

○：這是怎麼形成的？

◎：三一八爆發之前，雖然也有一些朋友就已經在民進黨，但是我們這一輩的年輕人反而是在三一八之後才眞正開始面對選擇陣營的狀態。公民組合不是我們這一輩的年輕人。

我們這一批人沒法形成集體的原因，一方面是原本大家對政治的想像就不一樣；二方面是三一八過後有些問題沒有被解決，包括三二三、三二四行政院事情的不同看法、不同態度。彼此之間的信任基礎要修復。當然，三二三、三二四 的不同，也只是個引子。還有更早的問題，我們的角色。大家怎麼看我們的角色。爲什麼我們是所謂的學運領袖，爲什麼是我們主導這個運動，那些沒有在這個核心的學生呢？等等。

○：很多人說出來參選，是希望學運的力量不要消失了，或是不要被民進黨收割了，你怎麼看？

◎：結果還是被民進黨收割了啊。

○：那下一步呢？

◎：如果以年輕人的狀態，我在選前就和綠社盟或時代力量的人聊過，選後應該辦個營隊之類的，大家關起門來，花個五天七天，討論大家接下來要做什麼。就算沒有集體的戰略，起碼知道大家彼此未來的角色和位置，對彼此要做什麼有個想像，互相幫忙。

現在看來還是有些困難。但這件事情很重要，如果沒有做這件事情，我們就各自四散。坦白說，對這一波社運轉政治的參政，有時候還滿失望的。

〇：最失望的是什麼？

◎：當初公民組合分裂，目標沒那麼大差別，政策沒那麼大差異。主要是選舉策略的差別，選舉方式的差別，和民進黨保持什麼距離，是選舉路線還是運動路線等等。可是到最後發現，選舉策略也沒有那麼大差異，包括最後范雲態度的轉變。那大家當初的分歧到底是什麼？

我知道，假設公民組合沒有分裂，後來的走向由誰主導，還是有人、權力的問題，但只是回頭看，更可以確認那不是什麼理念上的差異，或是手段上有多麼不同的堅持。

我們年輕人在這個過程中，也沒有快速集結，沒有力量和我們上一輩的運動者去bargain，甚至主動去介入他們主導的過程。

〇：如果可以快速集結呢？

◎：當時大家都在想：是否要那麼快投入政治，是否要加入公民組合。但最後那一段時間大家的想像都不同，隱隱然會覺得國昌這一批人是選舉掛帥，范雲這一批人是理念掛帥，所以大家慢慢也會選邊站。沒有集體地想好我們怎麼看待這些事。

甚至我有時會懷疑，那這個集體到底根本存不存在。還是這是一群只有在運動很危急的時候才會被逼出來集結，其實並不眞正存在的人？或者，沒有大的事件氛圍、危機感，這些人本來就不會形成一個集體，共同去爲一個目標或利益做什麼事？

○：我自己看這次選舉，覺得底層是世代不同價值觀之爭。從這個角度看，年輕世代不論要不要自己的政黨，你們的聲音都應該更清楚。那你怎麼看時代力量和綠社盟的下一步？

◎：我滿擔心時代力量這一邊。

時代力量接下來要面對幾個問題。這個黨如果要擴張，把基礎打好，二〇一八時代力量應該推派更多年輕人投入市議員。

但是以時代力量現在的狀態，運動圈裡的年輕人，並不是那麼喜歡他們。

我觀察到，這是因爲比較多的人還是有既定的印象：你靠民進黨靠得那麼近。另一個原因，則是對當時三一八我們這一群主導的人某種程度的不信任，那個陰影還在。

所以如果二〇一八年時力要增補一些年輕人去選市議員，這些年輕人是誰？

這些人還會和民進黨發生直接的碰撞。現在民進黨已經全面執政，到時候他還會讓你嗎？

第二，是時代力量的黨內。他們現在一年有三、四千萬元，已經有各方人馬要加入。接下來，時代力量要到各地設黨部，而我已經聽到地方上各方力量，包括台聯的，都想要進入。他們如果承載不了一下子出現的這麼多資源，這麼多職缺，處理不好的話，可能會派系化，或是被派系化。

長期來講，要小心不要快速地膨脹，過幾年又迅速地萎縮，慘一點變成下一個台聯。

他們也可能有另一條路可走，穩定地成長，成爲另一個民進黨，不再像運動時候那麼有理想性，但在選舉上更務實。

至於綠社盟的下一步，要看綠黨和社民黨未來還要不要合作。雖然目前看來還是要合作，但是像綠黨，在李根政辭掉之後，連誰當召集人都還不清楚。

○：如果回到你當初的想法，最理想的情況，可以組一個代表年輕世代的黨，這個黨和其他政黨都不相同的核心精神是什麼？

◎：我會說兩個。

第一個，要確認台灣是個主權獨立的國家。某種程度上，還是回到台灣獨立的這件事。或者說，即使中華民國的國號不改，領土範圍要改。這都涉及憲改。

第二，是分配正義，我更傾向綠社盟所提出來的。其他細節，包括原住民憲章要不要納入憲法、環境的永續等。

○：許多人提憲改，你們提會有什麼不同？

◎：這要看怎麼做。民進黨前一陣子也在談憲改，但是比對一下選前和選後，不一樣。選後民進黨提了幾個優先法案，但是沒有憲改。也沒有大張旗鼓說不做了，但就是不提了。所以我覺得現在是憲動盟的好時機，應該逼民進黨來修憲。如果民進黨不支持的話，就見眞章，把你選前說的空話戳破了。

國民黨這次當選的區域立委，不是馬意的，反而是地方上有實力的。他們會有危機感。他們這次岌岌可危地選上，如果不支持憲改，下一次連他們也可能選不上。我很想看看這些人會不會轉向支持憲改。

○：接下來我們應該樂觀地期待發生些什麼事？

◎：時代力量應該先去找綠黨、社民黨談，可以扮演第三勢力的龍頭，或老大哥角色。他們可以做兩件事。

第一，是政策合作。時代力量雖然有自己的優先法案，但還是可以把綠黨、社民黨的法案也納進來，在國會裡幫忙提案。

第二，成立一個跨黨協作平台，定期討論一些政策或主張。甚至，說起來雖然有些強人所難，但看他們是否可能挪出一些資源來協助綠社盟。畢竟他們一年有三、四千萬元。譬如培力綠社盟的人下次出來選市議員，甚至仍然打綠社盟的名號。像呂欣潔、苗博雅他們的票數，是可以上兩席市議員的。如果可以這麼做，那麼時代力量的高度就拉出來了。

綠社盟沒有任何資源，沒有國會席次，所以還是要在社會運動上著力、扎根。很多年輕人投入，不是選完就沒事了。

○：年輕人呢？

◎：年輕人需要好好聚一下、談一下。這幾年過去我們想的、做的都是無論如何先打倒國民黨，現在國民黨都這樣了，小英也執政了，我們自己應該先準備好，好好想一想自己接下來要做什麼。

並且，也不是說民進黨執政這幾年，就不會有更大的麻煩。

○：你自己的計劃？

◎：我想先出去讀書。但還不確定要不要念博士。因爲這是個很大的賭注，四、五年，五、六年跑不掉。

沒亮相的第28人：林少馳

「年輕的力量進國會」系列訪問，有一個沒有發表的第二十八人。他從另一個角度說明台灣新政治力量發生的原因和希望。

訪問林少馳的那一天，上了車才發現，他原來是時代力量在內湖南港區的「任務型立委候選人」。新的政黨要提名不分區立委候選人，必須先提名十位區域立委候選人。時代力量最後參選的區域立委候選人是四位，但爲了可以提名不分區立委，要再提名六位不必從事競選活動的區域候選人，因而名之爲「任務型候選人」。林少馳就是內湖、南港區的。

我想到綠社盟在內湖、南港區已經有區域候選人，不想讓這兩個政黨之間產生進一步的誤會，在車上動過取消這個訪問的念頭。

何經泰攝影

幸好我沒那麼做。林少馳提供了我年輕人參政的許多新解釋，也讓我看到台灣政治不只有第三勢力，甚至可以說有未來第四勢力存在的希望。

訪問結束後，我找了個機會向林少馳說了難處，請他能諒解我不會把他放進「年輕的力量進國會」系列，但將來會另找一個方式把他的故事介紹給大家。林少馳完全理解我的顧慮，馬上說他同意，沒有問題。

林少馳最吸引我的，是他打破傳統，在叛逆與現實之間的邊緣線上走他的生存之路，包括政治。

他讀政大政治系讀到二一退學，再讀東吳政治，又沒畢業。然後他去英國諾桑比亞大學（Northumbria University）讀了商業行銷管理碩士學位回來，開始他的職場放浪記。從可口可樂業務到調酒師到婚禮企劃師到空中少爺，林少馳都做過。

三一八學運發生的那天，在國泰航空工作的他休假，跟朋友去了立法院，從此一發不可收拾。學運結束後，六歲開始就住在東湖的林少馳繼續參加割闌尾，收連署書，幫大家開車送物資。

「我感謝蔡正元。他讓我們有機會把憲法條文貼近現實。」總是笑著的林少馳說。

割闌尾之後，他們一群二、三十人的志工，不停地一起玩、吃飯、唱歌、看電影、爬山，直到意識到這次選舉快要開演，大家才開始注意誰會出來，也決定再一起做點事。

這一群完全獨立於兩大黨，和新生第三勢力也沒有關聯的人，二〇一五年五月就去拜託黃國昌出來在內湖、南港區參選。之後，他們一路找了好多人都沒成功。「最後我就說，林少馳，那就是你啦。」林少馳的競選總幹事許瑋珊在旁邊說。

許瑋珊，大家都叫她 Ashley，以前做電視節目、編導、記者，也當過魔術師經紀人。她說家

還在航空公司當空少的時期，準備上班中。

圖片來源：林少馳提供

即使回到香港上班，還是要讓香港人知道台灣沒有在放棄的。

圖片來源：林少馳提供

裡是淺藍，自己本來不重視政治，是那種「奉父母之命蓋章」的人，但是三一八改變了她。學運結束後，看到割闌尾，就開始參加。

「我們是希望有一位和我們理念相同的參選人，讓我們可以幫他，讓團隊保持運作不停擺，讓團隊保持成長狀態。」許瑋珊說。而後來眞正工作起來的時候，原來的二、三十人留在團隊裡的剩下六、七人。

聽他們說這段經過，我聯想到歷史演義裡，一群人起來組成義軍，然後四處尋找明主，到最後決定打出自己旗號的場面。

他們先是自己行動。曾經有許多小黨來找他們加入，但是到了十月的時候還是選擇加入時代力量，林少馳也成爲任務型候選人。

「其實林少馳是最反對任務型候選人的。」許瑋珊說。

林少馳也根本反對「請把票投給我」這種說法。他認爲，「代議本來就是一種權力的分配，你要人家分給你，怎麼能不先好好溝通？而沒做好溝通之前，彼此關係當然是平行的。你憑什麼說『請把票投給我』？」

在旁邊聽的許瑋珊接口說：「少馳是很棒的國會改革者，但是很爛的候選人。講話落落長，一定要很周延地把理由充分說明，連當名嘴也不夠格。至於不說把票投給我，更是糟糕。」

可是接著她又說出了爲什麼一直支持他、鼓勵他出來的原因，「我看到他的特質。他是認眞的候選人，絕不出賣或交換。他反對協商，更不要說密室了。他主張協商要直播，而且還需要時間跟選民溝通『爲什麼這樣交換』。如果少馳進國會，我可以想像他拿著手機去直播黨團協商的場面。」

圖片來源：林少馳提供

圖片來源：林少馳提供

過去幾個月，林少馳也在內湖、南港區進行競選活動。但因爲他是任務型候選人，所以不戴佩條，穿有自己名字的背心，但是又沒有號碼。因此說他主要是輔選也不爲過。

「選前那段時間，我在市場裡花最多時間的，是應對別人跟我說『你們那位黨主席私生活很不好噢』。」林少馳說。

而他的夥伴拍下他在選舉期間一些畫面，有些是他在撿垃圾——競選活動結束後的垃圾。「我有個撿垃圾的專長，看到就隨手撿一下。選舉製造很多垃圾。選民收下你的衛生紙包，就會把釘在一起的文宣當垃圾丟了。我看到，能撿就趕快撿起來。」林少馳說。

但儘管如此，最後選票開出來，很有意思的是，這個不戴佩條、背心上沒有自己號碼的「任務型候選人」卻有很令人意外的戰果。林少馳拿到了一萬兩千多票，甚至比同一選區綠社盟的參選人還多。

以下訪談是綜合選前及選後兩次紀錄整理的。聽林少馳談他自己的世界觀、政治觀、選舉觀，不論對老一代想了解今天三十五歲以下年輕世代的人，還是好奇政治和自己有什麼關係的人，都有參考的價值。

○：請說一下你是怎麼成為一個「任務型候選人」的。

◎：我是時代力量所謂的「任務型候選人」，沒錯，不以當選爲目的。但是，這是人家講的。對我來說，要選就要好好選，很認眞地選。

選舉，是抱著喜歡台灣，能做點事，推出自己的政見，才來參與的活動。選舉是呈現多元價值。這是我對選舉的概念。

每一個參選人，都應該記住參選的初衷是什麼，都應該堅持自己的理念。而且，從開頭就應該設想選不上的狀況，這樣才不會因爲支持的人少就退選。

現在很多人用什麼民調比一比，就禮讓了退選了，我覺得十分荒謬。即使我民調比較高，我也不認爲民調比我低的人就該退讓。每個人都代表自己參選，選民也代表自己投票，所以根本就不該誰說服誰退選。民調就是個讓選民從好理解的數字，來了解各個候選人支持度的方式罷了；不應該是反過來，因爲看到民調才來投給「較有贏面」，或是政黨協調完之後的候選人。

我認爲選舉不是這樣的。我不希望選舉有什麼整合，也不希望有人退選。同樣的，我也不希望人家這樣對我。

○：你還看到現在選舉裡的什麼不合理現象？

◎：台灣選舉很貴，門檻高；知名度也很重要，好像彼此要很熟，才會投你一票。所以，候選人全在搞選民服務。是啊，現在選舉期，大家有時間搞選民服務。可是等當選了，一定有更多的事要忙，還有時間選民服務嗎？這就造成惡性循環，當選人和選民的感情必然斷裂。

造成這種斷裂，選民這邊也有責任。選民的責任是，他們習慣了民意代表只在選舉期間瘋狂出現，而不在這些人在職期間善盡自己監督、建議、合作的義務。而當民意代表發現他們和選民的感情必然會斷裂的時候，他們就會認爲，那就等選舉到了再來博感情就好。

我想選舉也好，當立委也好，不該是這樣。

○：那你理想中的選舉是什麼樣子？

◎：我認爲，參政權是應該屬於每個公民的基本權利；所以參選本身，當然是代表自己。受到政黨提名，固然也有此人代表政黨意念的部分，但我不覺得兩者應該有孰輕孰重之分。黨意不該大於個人意志，個人意志也不該綁架黨意，更重要的是，當這兩者和民意相違背時，必須以民意爲先。

同理，放在選舉權上也是。太久以來台灣人民的投票傾向，過於「懶惰」。不願意自己做功課來了解候選人的特質、政見或是政治傾向。總是以政黨政治協商後的結果來投票。這，是我很不同意的。

我想玩一個不一樣的選舉。我有我的政見，選民是因爲認同我的政見，而把權力轉移給我。這樣選民和候選人才是平行關係，也才能監督當選人。

所以，我不期望選民見我一面握了手，就把票投給我。我不說、也說不出「請投我一票」這種話。

我希望選民聽了我的政見，能回家想一想我的訴求、我的主張再決定。你得自己做判斷。也因爲這樣，我不排斥別人的政見，我甚至還幫他們宣傳，我在街頭短講，也推崇了其他候選人的長照、育兒等政見。又因爲我最重視勞權，所以也支持陳尙志。

我甚至有個夢想，希望辦一次聯合造勢大會，大家把政見攤開來。當然，這只是夢想，因爲大咖不屑參加，沒必要參加，小咖之間也要比大小爭先後，光是喬就累死人了。

這次大選，我開始就知道當選的希望不大。但是，選舉的目標，不應該只有當選一項。我認爲，這次選舉會影響目前還沒有投票權的人，他們十八歲念大學、打工，參與了社會活動，自然會有更深的體會。他們的見解、主張也自然會發芽。

○：你怎麼會參加這次選舉的？

◎：我曾經淺淺地參與了三一八，很熱中但沒時間，因爲當時我還是空少，只是利用放年假的時間參與。三一八結束後，我參與小蜜蜂活動，這個活動，雖然只是發發文宣，「但用自己的力量影響周遭的人」很有意義。

後來又參與了割闌尾，割闌尾雖然沒有罷免成功，但本來目的就不在成功，而在罷免。讓大家曉得罷免和選舉同樣位階，很重要。同時，人人也有權表達反對。這才是割闌尾的精神所在。

割闌尾結束後，我離開了航空公司，和夥伴們玩了一陣子，但我認爲公民行動不該這樣結束，而是應該延續。罷免的延續，自然是參選了。

大家拱一拱，我就出來了，做一個獨立參選人。再後來，才和時代力量談到了合作關係，變成了任務型候選人。這一切，都無傷我參選的目標。我依舊好好選、認眞選。

○：我看到這次選舉其實是台灣不同世代的價值觀之爭的開始。你從自己年齡的角度，又看到什麼？

◎：我是民國七十一年次。大概從六十八到七十五年次，也就是現在大約三十到三十五歲的人，可以算台灣最特殊的世代。我們這一代是3R世代：Rage, Riot, Regeneration，我會翻譯爲「憤怒，暴民，重生」。我們上一代的開公司，大環境好很容易成功，下一代有新創產業可以發揮，不開公司都有舞台。而我們卡在上下代之間，不傳統，也不那麼活躍。

這個世代的悲哀是：聯考結束，是個世代的結束，也是國家設定的完美結束。七年級頭，還注意一些「倫常」，八年級就完全不同了。

我們這一代卡在中間，所以剛出社會的時候，會被前輩用他們從更上一代學來的要求，工作被操得像豬像狗。但我們的下一代不同。你用過去的方法要求他們？他們就走人了。

下一代和我們不同，他們有多元選擇，就像一綱多本，一個主題下，有多重解釋。我每次提到這一點，國高中生很受用。他們希望有規則可以跟隨，但又不要受限制。這種說法，聽起來矛盾，其實一點也不，也就是希望在前，各有作法。

過去的人，對底層的人可能像是對女人那樣，希望「無才便是德」。但是過去大學生才思考的事情，現在年紀小到國中、小學就開始思考了。

因此，有人怪現在的年輕人學習效率低很多。可他們不知道，那是因爲今天的年輕人需要時間整理、消化自己的東西。他們碰上自己感興趣的議題，會找自己的「典範」（role model），會交朋友討論，所以也會比較浪費時間。

○：參加過這場選舉之後，你有什麼心得？

◎：現在選舉結束了，我還是覺得沒辦法要求別人把票投給我的立場沒有錯。

舊有拜票的方式，沒有把資訊放出來就叫人家支持你，很不合邏輯。這種選舉造成兩個問題，一個是知名度最重要，一個是你要把個人抽離到最少，以選民最能接受、喜歡的樣子，接觸到最多的選民，所以是討好之旅。

你的政見有多少人注意？你回答的都是一些和選舉無關的事。像選前那一個星期，我進了市場就是要回應：「你們那位黨主席私生活很不好噢。」這到底和政見有何關係呀？

偶爾有人問：「時代力量是什麼？」本來，他有這個問題的時候也是他最感興趣的時刻，但我卻沒有時間介紹。所以目前選舉強調最大觸及率，卻犧牲了和一般人「質」的溝通。

我應該是不適合當候選人。候選人要有候選人的樣子、口條、行程，我卻總是愛用不正經的方式講很正經的話。

並且我對政治的想像，也太浪漫了。

我對所謂的「交換」，有我的堅持。如果有人要來交換，我會說我得回去和選民溝通，讓大家知道要交換什麼。如果我做了交換他們不同意，就罷免我。所以我還曾經想把競選文宣的反面印成預備用的罷免書。

我也很支持曾柏瑜。尤其喜歡她說的：「我們就是要示範。我們要讓每個政黨知道，跟年輕世代結合，才能繼續下去。」

可是我和她不同的是，連一點點知名度也沒有。

不過，我也想出怎麼解決年輕人沒有知名度的問題。就是用時間來稀釋這一種壓力。

○：「用時間來稀釋這一種壓力」是個很有意思的說法。請再多解釋一下。

◎：如果你準備選二〇一八年的市議員，現在就可以準備兩天掃一個市場。一個一百五十個攤位的市場，每攤五分鐘，要十二個小時。內湖、南港區有十五個市場，兩天一個夠你掃幾遍。掃街也一樣。一年五十二周，每周一區。但是要注意如何陪伴上班族。每個人都有不被打擾的權利，所以我建議不要用麥克風，而可以用板子，在上面寫東西、畫東西來表達你的訴求。

小黨要學習的是：怎麼用你的方式講你的話，還能讓別人聽得懂。講座，是眞正有可能吸引年輕人的。尤其電影，要一個星期辦三場。但是不可以有模糊、騙人的空間。要告訴大家這是政治，把關聯性講五分鐘。

我目前沒有任何繼續參選的意願。但不管我在哪個位置，都會盡我自己的能力，多多宣導公民意識成長與深化的重要性。

特別是，我想要向傳統的政治人物所不關心的標的來挑戰吧。曾經有人關心那些總是跑夜店、總是找尋娛樂的年輕人，想了解他們對政治的想法到底是啥嗎？沒有！只因爲這群人被傳統政治圈的人定義爲：「朽木」一堆。我得直說，你沒認眞試過，沒有努力宣導過，直接宣判這樣的結果會不會太武斷啊？

所以我會辦客廳會、咖啡廳會，這樣類似讀書會的活動，甚至酒吧會，我願意請杯酒，但要說出一件你或妳自己的政治見解。

每個人從自己做起，也是一種政治運動。這樣你就不會覺得政治是骯髒的了。

○：你這種觀念和作法，對新生的政黨、小的政黨很有參考意義。你還有什麼其他建議，或是提醒嗎？

◎：我很希望綠社盟能繼續。

有一次，我聽邱顯智說，「我們不是因爲夢想而堅持，而是因爲堅持才看到夢想。」我很喜歡這句話。

傳統政治人物總是只看到「現在」，而很少時間、也沒有空間思考太遠的事情。因爲選舉就是要贏。

但是參政權的行使不只是爲了要贏！每個人行使參政權的理由超簡單，就只是因爲「可以」罷了——可以透過選舉，讓平常大家不太關注的議題也能被關心：轉型正義、原民議題、土地、農業、環保、教育、勞動權利義務、國際事務、兩岸關係、性別問題、性產業議題，等等等等。現在這些議題平常在新聞上也看得到，但是觀點超級不多元。

給小黨或是個人多一點空間發聲，可以鼓勵多元價值的健康成長。選舉，應該也必須要有這個正面的教育意義。不是只有輸贏！

我希望，這些觀念能夠讓更年輕一點的世代，也就是我提到的「小學生族群」（今天十八歲以下的台灣人）了解到。這樣，年輕世代才有機會看到，才會明白，現在這些挑戰不可能的候選人的勇氣是什麼。

我期待這一天的到來。

圖片來源：林少馳提供

第三部

風浪巨大

Braving the Storm: Civic Empowerment

兩岸較勁而合作的地圖

兩岸的經貿關係可以用十個圖來看。我們永遠尋求與對岸合作的可能，但是也永遠準備在合作不成的時候可以走自己的路。

多年來，台灣一直糾結於如何維持和中國大陸適當的經貿關係。我自己多次在文章中提到台灣需要和對岸進行較勁的合作：

台灣很小，大陸很大，雙方真要長久和平，需要透過實力的較勁來進行相互的合作。這裡的較勁，不是為了敵對，而是為了讓雙方彼此知道對方的實力與價值。對台灣來說，只有較勁而沒有合作，會形成無謂的衝突；只有合作而沒有較勁，會在不知不覺中養成倚賴而被淹沒。

這裡用圖解的方式，希望把這個論點說明得更清楚一些。

◎

圖一的模式，是說台灣對外的來往裡，不考慮中國大陸，或不把中國大陸當作重點。一九八〇年代之前，當對岸還被稱爲「匪區」，和對岸來往會被戴上「通匪」或「資匪」帽子的時候，我們來往的，是以美國、歐洲、日本等地爲主的國際市場，最有這個模式的精神。

今天，就台灣整體而言，已經不可能把中國大陸視而不見。但是就個別產業或企業而言，仍有可能不把中國大陸當作重點，或者並不特別看待。年輕人創業的公司裡，像是專門針對Google來做搜尋引擎優化服務的阿物，就是個例子。因爲對岸要管控新聞及資訊，所以Google在對岸遭到干擾、屏蔽，連帶以Google爲提供服務的平台也沒有發展機會。阿物主攻的，就是這一塊對岸無從發展，但是在全世界其他

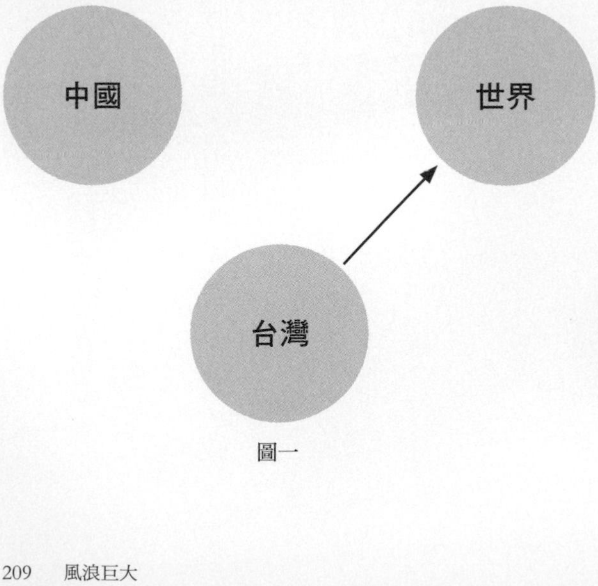

圖一

地方卻需求很大的市場。

大的企業裡，像是還沒去對岸投資之前的台積電，也是一例。對岸客戶佔台積電的份額很小。

由於台灣近年來許多產業太過專注於中國大陸、依賴中國大陸市場，所以如果爲了平衡，政府不妨積極地鼓勵、協助可以走這條路的產業、企業。

◎

一九八〇年代末之後，台商開始西進大陸。圖二，是指主要開發中國大陸內地市場的模式，早期在食品等輕工業有不錯的發展。

頂新、旺旺的成功，是最有代表性的例子。但這個模式失敗的例子也很多，不必列舉。

圖三，是台灣和世界其他國家合作來開發中國市場的模式。這個模式曾經是台灣很多行業所渴望發生的，但是檯面上可以看到的成功實例並不多。頂新曾經找日本三洋食品

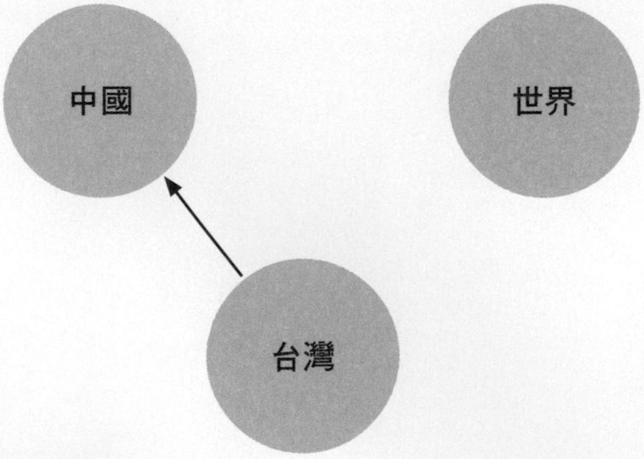

圖二

入股解決經營上的難關，是一個成功的例子。新光三越在北京的新光天地，則是一個負面的例子。

◎

圖四，是台商先走向對岸，藉由在對岸的成功，再蛻變爲可以進軍全球的企業。不少企業領

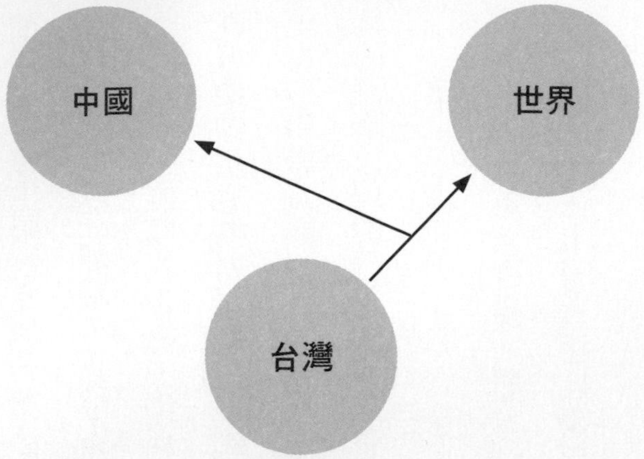

圖三

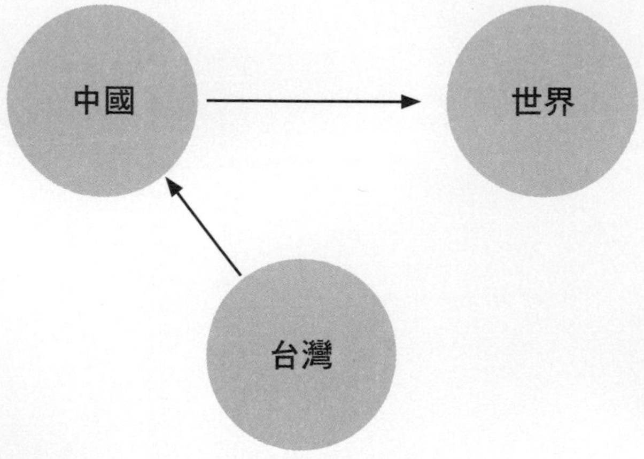

圖四

袖提出這種主張，當作台灣必須西進的理論基礎。

這個模式在理論上合理，更應該樂觀其成，但沒看到實例。台商這個模式走得不順利，涉及兩個可能。第一，涉及台商本身的意願和能力。如果台商先在方便做生意的對岸取得足夠的成功，是否還有意願再去進行下一階段更大的挑戰？如果台商在對岸取得足夠的成功，這個基礎是否可以支持他擁有足夠的高階管理與行銷人才挑戰世界市場？

第二，涉及對岸是否樂於支持一個台灣企業更甚於其本土企業走向世界。而二〇一三年連郭台銘都公開說過：即使他在中國大陸投資如此巨大，但一直沒被當作自己人看待。

圖五，是台灣的企業先拿到來自世界的訂單，再到對岸加工或代工，由對岸再出口的模式。這在一九九〇年代中葉之後，日益流行；到電子業也加入，更蔚為主流。

在這個模式下，許多台商在台灣生產中間材出口到中國（一些傳統產業再加上工具機），加上美國或日本

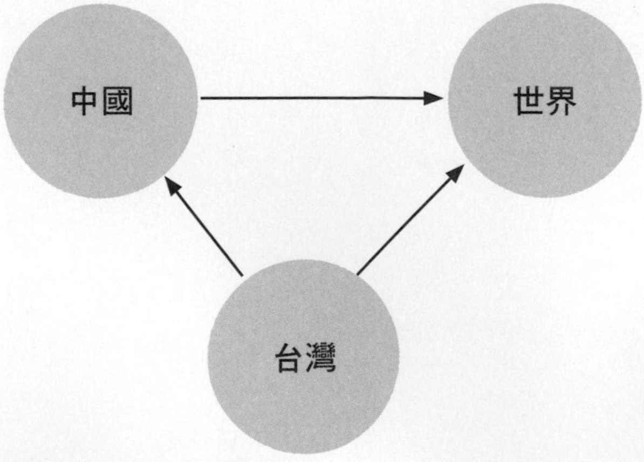

圖五

的基礎原件，在中國組裝再出口。

相對於圖二和圖五模式發動於民間的蓬勃西進，同時可以看到我們歷屆政府的失職。不論是早期「戒急用忍」階段，還是後期「買辦喬事」盛行的階段，我們的政府都沒有眞正規劃、掌握這些有如過江之鯽般西進的台商，對國家眞正能產生的作用和貢獻是什麼。

結果，已經有許多人意識到：無所作爲的政府坐視各行其是的台商西進，固然使得許多原來在台灣難以經營下去的產業和企業，有了剩餘價值再利用、再出發的機會，但也使得台灣許多產業及企業逃避了原來應有的升級及轉型壓力，使我們面對這個現實的時機延宕了三十年。

而許多台商去對岸只著眼「人力便宜」、「政策方便」等的好處，一旦對岸的政策開始騰籠換鳥，進行產業升級和轉型，這些台商過去拿手的本領就施展不開。

除了商業面，我們政府在政治面上對這些台商的無所作爲，使得有些台商儼然形同陸商，還成爲配合對岸以商圍政的助力。

此外，圖五也可能引發出圖六的模式。圖六是圖五的變形。

圖五是台商開拓世界市場，有訂單，有自己的技術、中間材和零組件，再附加在中國大陸加工、代工的人力和零組件出口。而圖六是一旦對岸出現對開拓世界市場具有更大企圖心的企業，加上他們追趕上來的技術，以及原來就具備的市場與人力優勢，便會把運作模式給翻轉過來。

二〇一五年底發生的紫光集團要併購台灣具有代表性的ＩＣ設計和ＩＣ封裝企業，就可能是圖六模式的思路。

所有目前還以圖五模式運作得不錯的台商，都得思考一旦你自己的技術或經營能力不再領先，對開發世界市場的企圖不夠，實際上又大幅倚賴對岸的市場或資源時，如何面對人家圖六模式的叫牌。

◎

圖七，是有些產業即使對岸不對我們開放，我們也開放自己的市場。兩岸服務貿易協議裡的出版業相關環節，以及受跨境服務影響的行業，都是例子。

現在隨時可以看到的，就是淘寶及其相關企業在台灣可以長驅直入，但是台灣以PC Home online爲代表的電商卻無法登上彼岸的市場。

而如果照服貿協議裡的跨境服務內容來生效，台灣就是所有批發業、零售業都要面對現在電商所處的不對

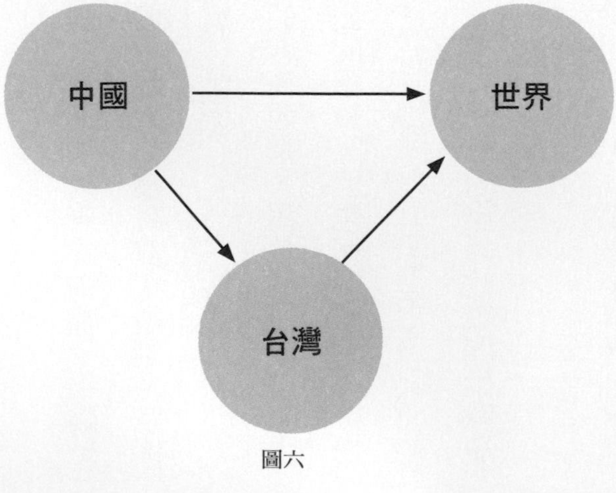

圖六

等競爭狀態了。

支持圖七模式的人，都強調我們是自由貿易，不論對方開不開放，我們自己都要開放。但最大的問題是：一，這不是自由貿易的眞諦；二，今天台灣經濟或許多產業「悶」的問題是要找出路而不可得，現在政府不幫台灣企業找出路，還不對等地爲陸資引路進台灣，不合道理。

過去政府所簽下的服貿協議，像是圖八。政府常說和對岸簽了服貿協議，台灣才有機會和世

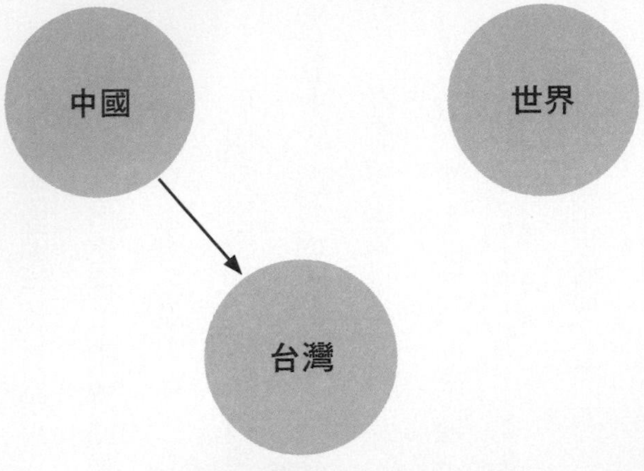

圖七

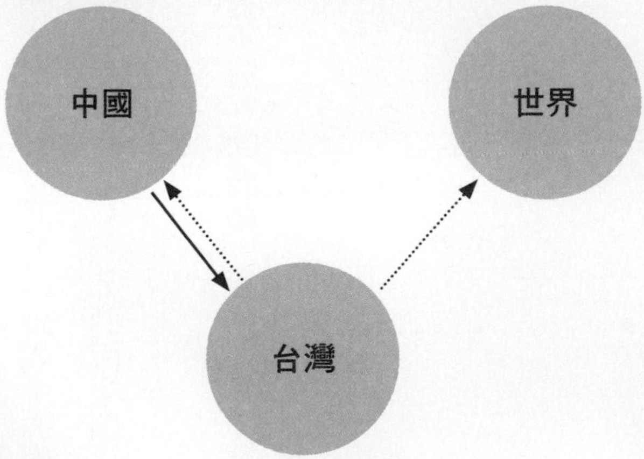

圖八

界其他國家簽區域貿易協定，諸如ＴＰＰ（跨太平洋夥伴關係）和ＲＣＥＰ（區域全面經濟夥伴關係）。但事實上服貿協議是否生效，和台灣是否能進入ＴＰＰ和ＲＣＥＰ的因果關係遭到很大的質疑，所以是虛線。

而服貿協議裡的海峽兩岸的來往，太多表面對等，而實質不對等的問題，甚至許多產業其實是圖七，只有彼來而沒有我往的情況。

在服貿協議裡，就算其他表面看來有來有往的產業，其實我們也不能被一些數據上的「對等」欺瞞，或以為佔到什麼便宜而自得。因爲兩岸經濟規模的基數相差太大，政治體制也截然不同。

韓國總統朴槿惠曾經在一本書裡回憶她父親朴正熙在世時，透過美國和北韓的一次談判。那次美國轉達北韓提出南北韓雙方各自「對等」裁軍五萬人的建議。朴正熙立即回絕。他說南北韓的政治體制不同，南韓裁軍五萬人，一旦需要再徵兵五萬人，勞師動眾不容易，而北韓的政治體制則完全不同，徵兵五萬不過是隔夜的事。所以他不同

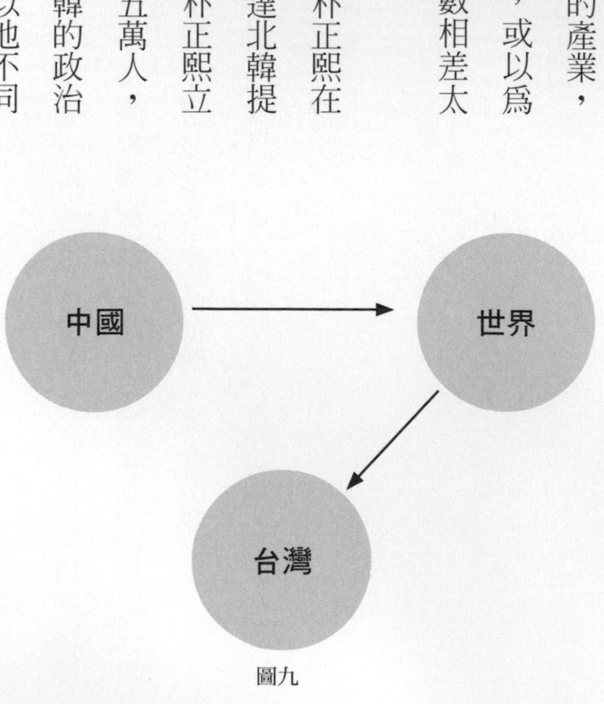

圖九

意各裁五萬人是對等的。

台灣對中國大陸的許多「對等」措施，也應該如此注意。（有關服貿協議問題比較仔細的說明，請參考《如果台灣的四周是海洋》第一部的第七章〈服貿的未爆彈〉。）

有些台灣對對岸設防的產業，可能發生圖九的情況，對岸結合國際，或者透過國際來進入台灣。這只能兵來將擋，做好把關的工作。

◎

至於我所說的台灣和對岸進行較勁的合作，可以用圖十來表示。

圖十著眼的是：台灣根據自己社會特有的體制與價值觀，發展出有別於中國大陸各個地區的人才與技術。然後以這些特別的人才與技術，結合、配合對岸的資源，成爲一種新的特別組合，不著眼於兩岸彼此的市場，而

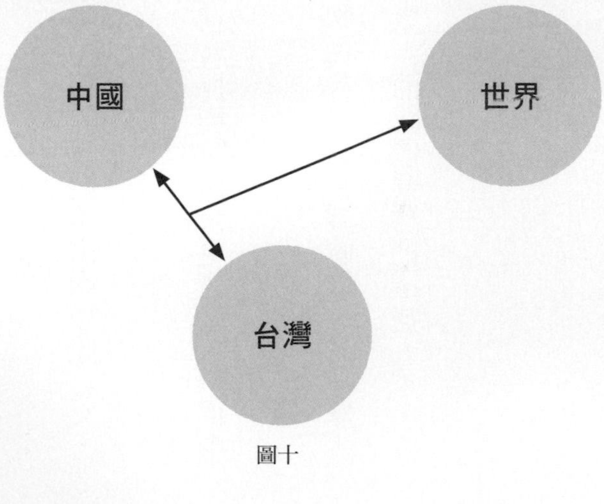

圖十

是共同開發新的世界市場。

兩岸如果只著眼彼此市場的話，以台灣資源與市場如此之小，大陸的資源與市場如此之大，台灣不論如何都有被淹沒的風險。

但是如果兩岸有共同開發世界市場的目標，並且台灣具有把這些目標設定得更清楚，也更主動的企圖心和規劃能力，則可以化解這種壓力。

所以，台灣有自己獨立的經濟發展策略，可以讓對岸知道我們具有實力與價值的（最好無法取代的）重點人才、技術，並勇於主動開發世界市場，這就是較勁；而我們樂意把這些人才、技術和對岸搭配或結合，共同開發世界市場，就是合作。

◎

但是台灣要做到和對岸較勁的合作，不是容易的事。首先，我們要擺脫一些慣性思維。

台灣人去中國大陸經商、投資，有些先天的便利。不像提著皮箱跑世界的時候，我們去對岸不需要使用洋涇濱英文，不但國語通，連閩南語都通；歷史、文化背景也通，「有關係就是沒關係，沒關係就是有關係」這種門路在血液裡就彼此心領神會；更別提吃喝玩樂、卡拉ＯＫ等餘興節目都相通。

在這種種便利之下，我們很容易自以爲比世界其他各地的人更懂得掌握對岸的「便宜」及「方便」之處，卻不知這些自以爲的「便利」不但有礙我們對對岸更巨觀的認識，也妨礙了更微觀的認識。我們需要提醒自己，換一副眼鏡來看待中國大陸的價值。對岸不是我們的救命仙丹，不是我們的穿腸毒藥，也不是「便宜」及「方便」之處。對岸就是一個需要我們較勁卻要合作、合作卻必須較勁的對象。

因此，我們需要知己，知道自己到底有什麼長處，以及這些長處如何爲中國大陸所用。我們又必須知彼，知道對岸的資源與強項是什麼，我們可以如何利用、結合與配合。遇到對岸搭建起巨大的舞台的時候，我們不需要嫉妒，也不需要羨慕，更不必跟著比賽建舞台，我們只需要知道，如何利用這個舞台來讓自己發揮明星應有的風采（請參閱《如果台灣的四周是海洋》的〈靈魂的三個試煉〉）。

◎

要形成圖十的模式，在更了解對岸的同時，我們也要和世界產生更互通、緊密的連結，並且擁有眞正在世界市場上領先的人才和技術，尤其是高階的行銷與管理人才。

而說來有意思的是，台灣要讓這一點發生，最有利的條件不是別的，是我們民主、自由的社會體制。

在這一點上，我聽唐文力講得最透徹。唐文力今年三十六歲，曾經被三間世界級的ＩＣ設計公司輾轉挖角，負責的專案研發出目前世界上最快最小的軟體連結器，後來創辦台灣發展軟體科技。唐文力認爲，「今天全世界缺的不是供給，而是需求。」所以他說，「上到下的管理是創造供給，因爲上面的人訂好規格，下面的人努力執行來達到最大的產出。而下到上的管理是創造需求，因爲由下面的人來發動，他首先要想出來的，就是去哪裡發現什麼樣的需求。」

唐文力看到：台灣和對岸，在中國傳統文化的影響下，都是偏向上到下的管理。「但是感謝台灣政治的民主化，連帶使教育也開始翻轉，年輕的學生會自己思索，出了社會就正好可以開始共同形塑由下而上的企業文化。而重視由下而上的企業文化、社會價值觀，正好是西方社會的主流，也是西方社會頂尖行銷與管理人才立足的根本。」唐文力說，「所以我說能幫台灣的產業和企業與世界市場產生更緊密互動與連結的，就是台灣民主、自由的社會體制。」

這樣看的話，台灣走圖十的模式要比走圖五的模式來得更安穩，原因就更清楚了。

因爲我們不是只因爲手上能拿到國外的訂單才和對岸有合作的基礎，而是因爲我們經由自己社會特有的體制，看全球市場的時候和對岸有不一樣的視野，可以培育出異於對岸的人才、開發出不同的技術，因而有和對岸合作的基礎。

這樣剛好可以證明爲什麼兩岸結合起來可以產生不同於對岸獨自的行動，也能證明台灣不是一個只能倚賴中國大陸生存的地方，並且讓對岸明白台灣存在於中國大陸之外的意義和價值。

圖十的模式，我們應該鼓勵多一些產業、多一些企業走這條路。甚至不只產業和企業，個人工作者、創作者，也是如此。

在這種情況下，如果對岸願意接受我們，和我們合作，很好；對岸不願意，我們也可以另走其他的路（如圖一）。永遠尋求與對岸合作的可能，但是也永遠準備在合作不成的時候可以走我們自己的路，這也是實踐「較勁的合作」。

◎

當然，台灣要發展圖十的模式，新世代政治浪潮出現的意義和價值也就清楚了。

我們不要在海洋裡丟鉛球，不只是對政黨人物說的，也是對所有過去善於以 Cost Down 起家的企業大老說的，對所有不明白爲什麼學生要反課綱的老師說的。

圖十的模式可以爲台灣另開新局，而台灣也需要另開新局才能發展出圖十的模式。

謝英俊去成都與玻利維亞

台灣人擁有關鍵的觀念、技術和方法，配合中國大陸企圖打通全球經濟血脈的實力，一起開發全球市場。

兩岸較勁而合作的圖十模式要舉例子，我會以謝英俊建築師在做的事情爲代表。

◎

二〇一六大選的選前最後一個星期日，綠社盟在台北造勢，從沒在競選活動裡站台的蔣勳亮相。蔣勳說，有一天他見到阮慶岳，從阮慶岳那裡聽說謝英俊加入了綠社盟的不分區立委。蔣勳和謝英俊「神交」幾十年，從沒見過面。但是蔣勳知道謝英俊一直在做些什麼，知道謝英俊在

謝英俊。 圖片來源：謝英俊提供

九二一地震、四川大地震發生後，是怎麼去災區幫災民重建家園的。

蔣勳說他離開建築很久，而長期所聽所見，建築不是和財團炒地皮連在一起，就是和官員的賄賂連在一起，所以謝英俊是他的「救贖」。他爲了把謝英俊送進立法院，不能不挺綠社盟。

那天蔣勳上台力挺綠社盟，第一次和謝英俊見面，是這次大選很動人的場面。

◎

我自己是因爲選前做「年輕的力量進國會」系列訪問，而認識謝英俊的。

他的永續建築師事務所「總公司」，不在台北，而是設在台中日月潭邊一個原住民村裡，但他經常去對岸，不但在那邊有公司，還深入許多最偏遠的農村。

他的業務又不只在對岸，還接尼泊爾、非洲、中南美等地的案子，所以也要飛往世界各地。二〇一一年，謝英俊還去哈佛大學，領取在全球建築業界卓有聲譽的「柯里史東設計獎」（Curry Stone Design Prize）首獎。

而這些事情的起頭，在一九九九年的九二一大地震。震後，謝英俊為了幫助災區的人尋找居住的解答，而開始了一趟可以稱之為「另類建築」之旅。

「在災區重建的房子，需要符合幾個條件：便宜、安全、環保，並且還要快。」謝英俊說。而這些是目前主流建築業的觀念、技術和專業體系所提供不了的。

謝英俊說，建築的起源，是人為了自己居住的需要而動手做的。「但是今天的建築，只是商品；居住的人，只是在消費。」所以這種體系無法滿足諸如災區或偏遠地區低收入農民等的需求。

此外，近一百多年來，建築工業的發展，本來是要追求各種部件的標準化，再量化生產，以降低成本、減少工時，但事實上卻反其道而行。「今天的建築裡，許多定製化的工作，加重了建築業成為一種『手工業』的趨向。」

這種「手工業」的趨向，使得建築所需要的材料不貴，但是各種間接成本，尤其在管理上，

謝英俊團隊協助尼泊爾當地村民協力造屋。圖片來源：謝英俊提供

很貴。

而謝英俊想的，是不同方向。

◎

從協助災區重建開始，他的理念很簡單：提供建築最核心，而居民自己做不來的抗震鋼結構，然後其他部分都盡量由居民自己動手，使用當地既有或殘留的材料來完成。換句話說，這是一種「協力建造的建築」。這種「協力建造的建築」，就可以達到「便宜、安全、環保」還可以快速完成的目的。

再從另一個角度看，把建築很大一部分工作又交回使用者自己的手中，其實不是「另類」，而是眞正又重回建築的「主流」。

從九二一災區重建開始，十七年來，謝英俊一路完備他的觀念和技術，發展出一套獨特的抗震鋼材結構，並取得全球許多國家地區專利。「並且，這套鋼結構是眞正從頭到尾都應用數位技術與觀念，未來將結合網路平台進行新時代的房屋工業化轉型，不再是『手工業』。」

這套建築理念和技術的特質，不只適合災區重建，也符合低收入或貧窮地區的人的需要。所以從二〇〇五年開始，謝英俊去中國大陸的偏遠農村，解決他們的需求。到二〇〇八年發生汶川大地震，他也進入災區協助重建。而二〇〇九年台灣發生八八風災之後，他在南部地區接受世界展望會、紅十字會的委託，用他的觀念和技術建了一千戶房子。

事實上，去柯里史東設計獎的網站看，謝英俊二〇一一年得首獎的理由，正是「教大家如何在災後重建」（Teach People How to Build Post-Disaster）。

這套技術現在相當成熟。二〇一五年尼泊爾地震，謝英俊是在成都生產鋼結構，然後經由青藏高原，越過喜馬拉雅山運進當地災區，以兩千美元的價格，就可以幫一戶人家建起兩層樓合計七十五平方公尺（大約二十五坪）的房子主體架構。

此外，不論是個人需求，或是政府要推廣便宜的社會住宅，這套技術當然也都是很好的解方。在台灣，謝英俊雖然感嘆基於許多傳統觀念和利益關係的束縛，很多人還不習慣於使用這麼便宜的技術，但還是有了起點。他幫花蓮縣政府設計了六百戶社會住宅，二十坪房子價格二百五十萬元，反應熱烈，預計二〇一八年完工。

蔣勳說，謝英俊讓他看到建築在官商勾結、土地炒作之外的「救贖」，正在於此。

◎

回到兩岸較勁而合作的地圖上，謝英俊所代表的例子。

謝英俊在台灣 88 風災後重建阿里山來吉部落。圖片來源：謝英俊提供

謝英俊在四川 512 地震後重建的茂縣楊柳村。 圖片來源：謝英俊提供

中國大陸一向有重視「亞非拉」第三世界的傳統。近年來，他們國力強大，更積極對這些地區推動許多工作。以中南美爲例，中國大陸就給予許多貸款，並且提供當地基礎建設所需要的技術和協助。但是這些積極作爲，也產生了一些副作用。

「中南美國家很多是用天然資源來支付本息。而中國大陸去幫他們做基礎建設，不但是廉價的建材產品輸出，連勞工都一起帶出去，在當地連就業機會也創造不了。」謝英俊說。在這種情況下，當地人會另有觀感就可想而知。

謝英俊的建築理念和方法，是提供核心而基本的鋼結構，再由當地人使用當地的材料來協力完成，正好可以提供解方。

早先，是中國大陸的工程公司來找謝英俊合作，去玻利維亞一起做社會住宅。但由於這個公司重整受到影響，連帶也使得計劃中斷。

可是玻利維亞政府已經看出這種技術與方法的優點。因此當中國大陸另外一家公司承接了二〇一八年南美運動會運動員村的建案後，玻利維亞就主動建議使用謝英俊的技術，如此可以兼顧便宜、使用當地建材、使用當地勞動力，而對岸的承接方也就從善如流。

現在，謝英俊要跑南美洲、非洲。台灣人的技術、中國大陸的資金與鋼材，共同去中南美洲、非洲承接當地的建案，還可以協同當地人一起完成建築。

◎

我問謝英俊這種合作模式還可以應用到哪些地區。

「亞投行的一帶一路啊。」謝英俊說，「一帶一路有多少建築可以做？」

謝英俊在做的，正是我說的兩岸較勁而合作的模式的最佳範例。台灣人擁有關鍵的觀念、技術和方法，配合中國大陸企圖打通全球經濟血脈的實力，一起開發全球市場。

這種例子多一些，一方面可以讓對岸不把台灣小看成一個只想也只會仰賴他們市場的「地方」，另一方面也可以讓我們有充分的自信去更加正視如何面對中國大陸，如何掌握機會，創造雙贏的機會。

林依瑩的All in One

大航海的事，不是只有往外走。台灣的高齡化社會，不只可以生機蓬勃，也可以形成新的軟實力。

台灣進入高齡化社會，加上少子化的趨勢，年輕人在工作難找又低薪的情況下，還得負擔長輩的照護，是一幅令人想起來就覺得沉重又黯淡的畫面。

有時候，還不只黯淡而已。才進入二〇一六年的一月，台灣就又發生「照顧殺人」的悲劇。台南一位五十多歲的媳婦，二十年來長期照顧行動不便近來又罹患肝癌的八十歲公公，心力交瘁，最後悶死公公之後自己也跳樓身亡。

但是林依瑩在做的事情，卻讓我看到問題有新解答的可能，台灣的高齡社會也可能有完全不

林依瑩說，長照服務，有 16% 是幫助失能的老人，有 84% 是幫助健康和亞健康的老人不要倒下來。所以她在推動一個叫「不老騎士」的運動，還拍過一部紀錄片。 圖片來源：林依瑩提供

同的一幅景象。

◎

和謝英俊一樣，林依瑩也是我因爲做「年輕的力量進國會」的訪問而認識。二十年來，林依瑩都在做長照有關的工作，目前是弘道老人福利基金會的執行長。她因爲在這個領域投入的心力爲各方看重，在這次大選曾經爲許多政黨爭取爲不分區候選人，她選擇加入時代力量，但最後可惜並沒能進入國會。

林依瑩說話，像是在一面講一面思考，但又像是都想好了只是井然有序地講出來而已。最重要的，她給人一種很溫和的感覺。不冷不熱，但是有一種很穩定的力量。

林依瑩用很輕便的解釋，就讓我看到目前的問題，以及解答所在的方向。

二〇一六年起，在台灣的依賴人口中，高齡人口正式超過小孩。目前老人佔全國人口百分之十二點五，是世界衛生組織定義的高齡化社會（aging society）；到二〇一八年將佔百分之十四，成爲高齡社會（aged society），二〇二五年再增加爲百分之二十，將邁入「超高齡社會」（super-aged society）。依估計，台灣至少有四十萬名的照顧人力需求，而目前一百六十八家居服單位，只有八千名本土居家照顧服務員。其他人力勉強由二十二萬名外勞所塡補。

但一來這仍然只夠滿足大約一半的需求，二來主要倚靠外勞也有種種問題。譬如，一旦外勞輸出國的政策有變動，風險太大；並且對需要長期照護的老年人來說，外勞也有溝通上的問題。最後，長照主要靠外勞支援，很不重人權，引來很多外國人的批評。

◎

造成這個現象的因素有很多。

林依瑩指出，首先是社福界的心態和證照問題。

她說，像長照這種社會福利工作，說起來很需要開放的心胸（Open Mind），「但是大家可能不相信，我們社福界是個很封閉的世界。」

封閉的心態，從學校的科系可見一斑。林依瑩以自己爲例，她大學念逢甲合作經濟系，但是到研究所想念社會工作的時候，差點找不到學校，因爲幾乎所有的研究所都限定，你大學必須讀的是相關科系才能去考。最後，還好中正大學的社福所比較開放，她才得以就讀。

畢業後出來要做社福工作的話，可以考社工師的國家證照。但是，「一開始推動這個證照的時候，我們中正，還有台大，都不能考。因爲我們念的是『社會福利』，系名沒有『社會工作』四個字，所以不行。」林依瑩說。「現在當然經過爭取，已經放寬，但你說有多封閉排外？」

做長照服務工作，目前不是非有社工師的證照不可，但是照正在研擬的長照服務法子法的草案第十條規定，未來長照機構要聘用社工人員，每聘滿四人，至少就要有一人有社工師證照。但眞正拿到社工師執照的人，都會優先選擇公家單位去工作。「這就給民間長照機構的發展出了難題。」林依瑩說。「我們難以徵人，怎麼長得出服務？」

社工科系雖然也有包括老人照顧的訓練，但畢竟只是一部分而已。而大學科系中研修最多老人相關學分的，其實是老人照顧相關科系。所以林依瑩認爲，根本不該給民間長照機構聘用人的背景設下什麼限制，「勢必要設，也該是規定每聘滿四人就得至少有一個人是讀老人照顧相關科系，而不是有社工師證照。」

◎

林依瑩說，第二個問題是，現行長照十年計劃把長照服務給分割了。

照規定，長照服務單位（寫機構，很多人會誤會是老人院）照顧的獨居老人如果生病住院了，那他們的居家服務就要停止，因爲服務員不能去醫院，醫院那一頭的工作要由醫院的看護來做。

「可是醫院的看護能在醫院家裡兩頭跑嗎？老人的家裡熟嗎？換洗衣服怎麼辦？兩邊銜接不上。結果老人照顧不好，我們的服務員收入也減少，成了雙輸的局面。」她說。

老人如果和家人住一起，也有問題。

林依瑩再舉一個例子。有個阿嬤需要居家服務，但她的問題不在自己身上，她最苦惱的是她的孫女。孫女是個中輟生，經常帶著逃家同伴回來喝酒吵鬧。鄰居受不了，強制他們搬家。

「但我們做老人服務，就要做全家服務。因爲老人和家人是連在一起的。」林依瑩說，「我們如果不解決她孫女的問題，怎麼能幫助她呢？結果，我們只能照顧阿嬤，她的孫女必須由青少年那一塊的人來處理。大家都弄一半，也都弄不好。」

有關人的服務都被分割得如此嚴重，其他的就更不必說了。譬如寵物和植物。

「獨居老人，寵物是他最大的依靠。但寵物生病了，我們卻不能送去醫院。植物也是，不准一併照顧。你說怎麼辦？讓老人繼續傷心嗎？」林依瑩說，「我們的社福實在太窄化了。」

再進一步說，需要照護服務的，又不只是老人，意外和職災的受害人，以及術後照顧，也需要長照。

「八仙塵爆，我們也有六位同仁參與居家服務。陽光基金會負責這次燒燙傷的後續照顧，由於人力不足，就找我們的同仁來協助。」林依瑩說，「其中洗澡護理非常重要，大面積燒燙傷，很難處理，得非常專業，我們做得很好。但這些人是傷友，他們沒有殘障手冊，也不是老人，所以不是政府居服的服務對象。」

林依瑩講話的語氣很柔和，但是內容實在很沉重。

「我們政府用專業分工把服務一再切割，零碎化。但是民眾管你專業不專業，只管服務到不到位。」她說。而照她的分析，正因爲台灣本土照護被零碎化，提供不了到位的服務，所以大家只求價錢便宜，才造成由二十二萬名外勞來塡補需求。

◎

台灣長照服務發展不起來的另一個原因，是待遇的不合理。

台灣的八千名照顧服務員只能領時薪，每小時一百五十到一百七十元。正常一個月可做一百六十八小時，有人拚二百多小時。「薪資浮動，只有中高齡找不到工作的才肯來做。他們領時薪，還不包括交通時間，而且有些爲了拚現金，超量超時工作，職業傷害也非常嚴重。」林依瑩說，「照顧對象只要生病、死亡，都會影響他們的收入。」

「我主張按人計酬。就是政府補助的給付，也要按人計酬，而不是按時計酬。」林依瑩說。「政府補助的按人計酬，人是指服務對象，不是照顧服務員。有人反對，說是按人計酬很難算，到底服務了幾小時也不知道。這一點也不難，我們 ipad 定位就行了。」

最後一個根本性的原因，是政府法令的不合時宜。

和長照服務有關的法有兩個，一個是長照服務法，一個是長照保險法。

「我的看法是，長照服務法是不好的，國民黨通過了；長照保險法是好的，民進黨卻不要。這會讓長照這條路越來越難走，服務長不出來。」林依瑩說。

她說長照服務法不好，是因爲這個法不重協助開發服務，反而管制、監控服務，一個法案有三分之一是罰則。「在台灣制定法令的生態，美其名是要專業化，但經常各項管制標準就開始細碎化。」林依瑩說。譬如長照業務負責人要有二至七年的年資、長照服務人員要登錄（這使得原民、偏鄉人力更難找）等等，使得原本就零碎化的服務更難以發展。

◎

至於許多民間長照單位及學者所期待的「長照保險法」，林依瑩說她在蔡英文的政見裡沒看到。

「民進黨政府顯然是要推2.0版長照十年計劃。」她說。

所謂2.0版長照十年計劃，是繼續延伸二〇〇七年民進黨執政時所推出的長照十年計劃。「現在我們稱之爲1.0版的那個計劃，設計理念以社區／居家服務爲主，是正確的方向。但歷經民進黨、國民黨執行力都很差，將服務發展得零零落落，不夠好用，所以兩黨都脫不了責任。」林依瑩說。

據她所知，民進黨不想推「長照保險法」的原因是：他們低估長照需求，主要是排除了聘雇外勞家庭的需求、擔心有營利化的可能而讓財團涉足，也不想讓民眾承擔新的保費，所以寧可延續原來的長照十年計畫精神，用稅收來應付支出，並繼續交由各縣市政府委託公益團體來做，只是再擴大規模。

可是林依瑩也從實際經營長照服務單位的經驗，指出民進黨版長照十年計劃的問題。

第一，中央撥款給各縣市政府後，經常沒法專款專用，經費被搶食。「而各縣市政府透過社會局招標，讓長照單位提供服務，會有欠款的情況，一年到半年不等。過去甚至有些單位周轉不來就倒掉。」林依瑩說，「有一年屏東縣說他們到年底沒有錢，就停止服務好幾個月。苗栗也有這種情況。」

第二，在現行長照計劃下，是多頭馬車在管理長照服務。「衛福部的社家署，主管各項服務，並提供論時計酬的補助；照護司，負責民眾各縣市長照需求的評估；社保司，負責規劃長照保險。而這三個單位都是平行的。」林依瑩說。

第三，現在論時計酬補助辦法所造成的問題，前面已經分析過，因此亟待改爲論人計酬的模式。

所以，她期待能有長照保險法，不只是對財源的改變有期待，而且更寄望於能以新的體制來翻轉政府的效能。

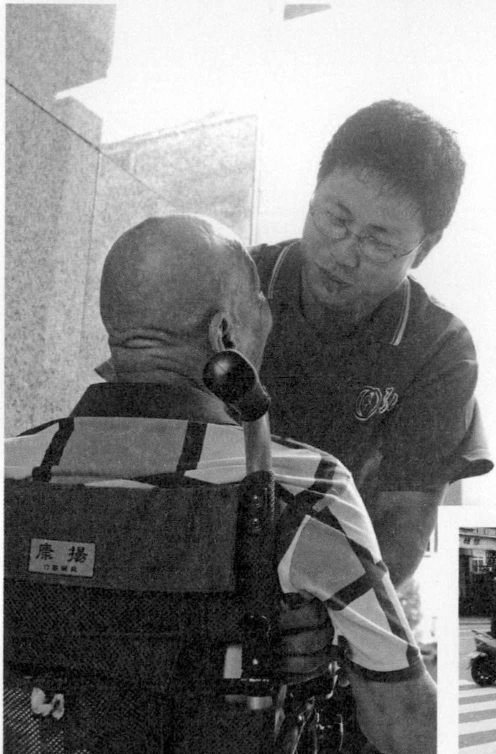

林依瑩認為照顧服務員最重要的是要有熱忱，而非學歷背景。 圖片來源：林依瑩提供

「譬如說，現在的健保裡，就已經有一部分在支付長照服務。將來如果有長照保險法，就可以和健保全面接軌，快速支付給長照單位應得的報酬，不會再發生縣市政府拖欠支付的情況。」

我問林依瑩保費又如何處理。

「這一點國民黨政府已經和企業界談了幾年。現在已經談到政府負擔三成，企業負擔四成，民眾負擔三成，一個月只要一百多元。民進黨新的政府應該接續這個基礎來推進，放棄可惜。」她說。

林依瑩又進一步說了她的想法：「至於他們擔心財團會涉足的問題，可以在子法裡做些規定，保障或鼓勵實際從事照顧服務的工作者可以小型創業，就如同現行居家護理所般，推動庶民經濟。這是政府應有的作爲。」

◎

和林依瑩談過幾次之後，我看林依瑩在做的事情，有兩點很難得。

第一，她不只對相關法令、政府作業方法的盲點分析得很清楚，還同時在現行的限制之下摸索自己的對應之道，找出自己的解方。

譬如，林依瑩在弘道用人，就打破條條框框。

首先，他們聘用人員完全不看證照，以配合法令的相對應職稱來聘任，再協助給予相關的培訓。弘道有四百二十三位正式員工，服務四千位老人，有一半沒有社工背景，其中有九成沒有社工師證照。

「我也沒有去考過。五個一級主管裡，也只有兩個人是社福相關科系畢業，但也沒有影響我們的服務品質。」林依瑩說。「不管學歷背景是什麼，最重要的是要有熱忱。相關專業知能可以在職場中邊做邊學來累積。」

此外，弘道把照顧服務員的待遇由時薪改成月薪，和社工員一樣領二萬九千，並且把頭銜改成「照顧秘書」。「這樣，調整待遇，又提高他們的社會地位，年輕人就願意來工作了。」林依瑩說。而對於被照護的那一端，弘道改爲提供 All in One、走動式服務。也就是不再把服務分割，對老人提供服務的時候，也就對他全家所涉及的照護服務一併提供。

還不只如此。

「我也在推動『二十五歲黃金經歷』，讓大學生在念書時就能進入這個領域，從照顧助理做起，進而照顧秘書，出國進修，在二十五歲前就能回國服務。」她說。

我聽她講一位二十四歲、名叫林于仙的照顧秘書現在日本進修，專攻失智症，是成功的例子，也因此吸引了很多年輕人加入，所以就用 Skype 訪問了一次于仙。

林于仙在臉書上有張照片穿著比基尼在海邊跳躍，很活潑的樣子。她在 Skype 上通話的聲音也很輕快。我聽她說了些很感人的故事。

「我還希望能再進一步推動像林于仙這樣的年輕人創業，這樣他們三十歲前就可以當老闆了。」林依瑩說。

「台灣進入高齡化社會，從另一個角度看，這就是一個巨大的市場。」她這麼看，「這個市場需要至少四十萬工作人員。如果我們能讓年輕人看到長照工作值得做，並且還有發展機會，那我們就創造了一個不受國際情勢變化影響的內需市場，並且打造台灣的軟實力。」

林依瑩難得的第二點是，她找出模式並實踐出成果之後，不會急於要求別人馬上接受。「我想等我做成功了，再來說服人家，而不是我覺得對，就來說服人家。」林依瑩這麼說。

對於林依瑩的看法，有不同的意見，但她都不用聲嘶力竭的方式來反駁。相反地，她用「做給你看」的方式來進行。

「過去兩年半，我們在台中、彰化、高雄、屏東、新北都實驗了 All in One、走動式服務。台北、嘉義也將加入。」林依瑩說。「我們展示這些成果，那些學者專家看得目瞪口呆，說我們是『台灣長照寧靜革命』，也有說『長照桃花源離我們不遠』。」所以她平靜地加了一句，「我會把這些在各縣市的成果，以地方包圍中央，請新的中央政府考慮。」

◎

今年一月大選後，弘道巡迴各地舉辦相關的說明會。我去參加了台中的一場，會場滿是來自各地或是參與過或是感到好奇的聽眾。

那天，我聽他們簡報的時候，注意到弘道有服務案例得到AARP（美國退休人員協會〔American Association of Retired Persons〕）的肯定，二〇一四年拿到他們的最佳案例，二〇一五年又以「不老夢想」拿到他們的高齡友善報告——全球激勵社區最佳案例。

我跟林依瑩道賀的時候，她只是淺淺地笑著說，「如果政府的長照計劃能做適當的調整，加上我們原來就獨步全球的健保制度，我們可以把台灣的長照服務做成全球的典範。」

林依瑩讓我看見，台灣的高齡化社會真的站在一個關鍵點上。我們處理不好，會看到越來越多「照顧殺人」的悲劇發生，使台灣陷入黑暗的深淵；我們處理得好，高齡化社會不只可以生機蓬勃，也可以給台灣帶來培養新的軟實力的機會。

就看我們是否要繼續帶著過去的鉛球前行。

台電和蔣勳告訴我們的事

兩個不同方向的訊息告訴我們，人人需要參與政治的時代到來。

在訪問年輕世代參政的過程裡，我常聽到的一句話就是：他們發現在體制外推動社運許久的成果，可能都不如政府在體制內產生的一點改變，不論那改變是破壞還是建設。

這次大選剛結束後的第三天，有一則台電的新聞從另一個方向證明這種思路是合理的。

◎

台電過去一直站在非核家園的對立方，持續強調沒有核電會造成台灣缺電風險。政府首長、

2013 年 3 月反核大遊行。 Beatniks 攝影

相關媒體及許多企業界人士，也都以此質疑二〇二五非核家園實現的可能。遠的不說，兩個月前，馬總統還曾把核電比喻爲台灣需要的主力警衛系統之一，把再生能源說是臨時兼差的。

然而，一月十八日，台電發布的新聞卻翻轉了這些說法。

以中央社所發的報導來看，台電不但承認了「二〇二五年達成非核家園是朝野共識」，並且「因用電成長下滑，加上再生能源挹注及新機組可望提前商轉，預估非核家園實現前的二〇二三與二〇二四年備用容量率可由負轉正」。雖然他們後頭有一句「但並不表示不會缺電，只是風險較低」，但是比起過去談起廢核就不可行，確實是今昔不同。

這則新聞引起很大的回響。有人批評台電是隨新政府的登場而見風轉舵；有人說台電這是反面說法，藉著用電下跌來旁證台灣經濟還會一路走下坡；有人說台電終於吃了秤砣鐵了心，回歸專業來誠心面對非核家園的未來。當然，也有人說台電是被媒體斷章取義了。

但不論怎麼說，台電的立場及說法有改變是事實，並且事後沒再做任何更正聲明。而這件事情之所以發生，不能不說和政權再度輪替有關。如果不是政權輪替了，台電的主事者有什麼膽子敢做出和過往一百八十度反向轉彎的聲明？一下子不但核四不必再啓封存，連核一、二、三如期除役也都不再是不能接受的事？

台灣的再生能源一直發展不起來，可以打個比喻。過去台電都一直強調核電之不可缺，很像是個肉販。而再生能源，像是素食。要強調核電不可缺的台電去推廣再生能源，很像是要求一個肉販去推廣素食。效果如何，可想而知。

要肉販真的樂意推廣素食，需要肉販的老闆換人。現在政權輪替，可以說是換了肉販的老闆，因此過去「非肉不可」、「無肉不歡」的台電，也就會改變立場。

台電戲劇化的改變，讓長期推動非核家園，並準備再繼續奮戰的許多人有了歡樂的傻眼效果，也的確更清楚地印證了一點：要推動改革，除了社運之外，公民的確需要參與政治，從體制內發揮力量。

◎

《如果台灣的四周是海洋》的最後一章，我寫全民參政的時間到了：「過去，就像我們被告誡要遠離海洋，我們也被告誡要遠離政治。只是，台灣來到今天這個時間點上，隨著全民參與社會運動、全民參與公民行動，也到了全民參與政治的時刻。」

過去，以及今天，我們經常聽到一種說法是：「政治太骯髒了，所以我不要碰政治。」君子遠庖廚，君子也要遠政治。

檢討起來，這種想法之形成，可能有三種原因。

第一，很長的時間裡，政治是個禁忌的遊戲。參與政治，有可能會讓你掉腦袋、坐黑牢，家破人亡。恐懼造成了嫌惡。

第二，政治不免涉及黨派。在傳統的中國文化裡，強調君子「不黨」，有自己獨立的精神。清高可能會引來殺身之禍，同流合污則又不足取，因此乾脆遠離。

第三，政治需要有與現實的妥協，政治又一向需要有金錢的支援。權力與財富交織成政治的故事，其中充滿黑暗。這種黑暗，也驅使人遠離。

但是台灣歷經三次政黨輪替，來到今天，我們可以重新檢視一下這種視政治為骯髒而遠離的心態了。

首先，經過長期無數先人的奮鬥和犧牲，我們今天來到這裡的立足點，參與政治已經不再需要付出身家性命的代價。我們是在享受成果，所以我們也應該為此負起相對應的責任。

譬如，今天的台灣，政治雖然不再是禁忌的遊戲，但卻不免成為權貴的遊戲。我們需要參與政治，才能把民主社會往前再推進一步。

民主社會裡，參與政治，有直接的參與，也就是走上政治專業的參與；也有間接的參與，也就是行使公民的權利，選擇自己支持的政黨並加以監督。

我們不可能人人都直接參與政治，以競選公職爲志，但我們需要人人都間接參與政治，以監督政黨的政策和人物，鞭策他們照顧自己黨派立場的同時，不能讓黨意綁架民意，而必須把民眾更大的權益放在心上。

這麼說，在民主社會裡，反而是民眾參與政治，了解政黨人物的觀念、思維和習性，也知道如何使用自己的力量之後，我們才可能督促政黨人物「不黨」，也才有可能揭開政治權錢交易的底細和脈絡，把社會往上提升。

所以我們不能再說政治骯髒，再怕政治骯髒。正視骯髒，才能清理骯髒。

◎

從來不爲競選活動或政治人物站台的蔣勳，在二〇一六選前最後一個星期日，在綠社盟台北市的造勢活動上亮相，力挺謝英俊。

蔣勳（中）在 2016 大選為綠社盟站台，力挺謝英俊（右），左為阮慶岳。黃謙賢攝影

我好久沒見蔣勳，那天在現場看到他很高興。但沒來得及問他爲什麼會站出來，他就上台去了。

聽他在台上講，大約有兩個重點：

一，蔣勳和謝英俊那天是第一次見面。但是蔣勳知道謝英俊在九二一地震之後，快二十年來是怎麼去各地災區幫災民重建家園。

蔣勳說他長期聽聞建築和財團、官員的賄賂連在一起的醜聞，謝英俊成爲他的「救贖」。所以他要挺綠社盟，把謝英俊送進立法院。

二，他說，綠社盟的朋友長期關懷、爭取台灣一些基本的人的生存權利，包括呼吸沒有污染的空氣、住簡樸的房子而不會買不起房子，還可以勇敢地選擇做自己、愛自己所愛的人，不至於因爲一些性別認同問題被歧視。所以蔣勳說，「我把我的第一次獻給他們！」

後來，我看新聞報導，又看到他有一段話說得特別好。

蔣勳說他這次涉入政治，不擔心被貼標籤，「台灣人現在對兩黨輪替失望，對政治沮喪，沮喪到不想關心、到冷感，這次有清新的力量出來，應該支持。」

而近年來由於他住在池上，接觸到農民，「深感基層人民對生活的要求其實很簡單，包括可選擇最喜歡的生活方式等，『我若放棄這些基本原則，才是冷感。』」

在這次選舉中，蔣勳，以及其他許多藝文界朋友也都不再是像過去聚焦於國族認同，而是從自己價值觀的選擇上紛紛表態支持立委候選人，是我看到十分動人的場景。

我相信這種場景在這次只是預演而已。我也相信，雖然謝英俊沒有能夠進立法院，但是蔣勳的表態是有影響力的。

台電和蔣勳，從不同的兩個方向告訴我們，人人需要參與政治的時代到來。

從1989到2016

不怕風浪與顛簸，開始從台灣走向全球的大航海行動。

從二〇一五年的十月開始，我花了很多時間觀察這次選舉，訪問當事人，甚至最後階段還去當了參選立委的曾柏瑜的志工。這段路程，可以從一九八九年講起。

◎

那年，我做了兩件事情。

第一件事，是九月第一次去了北京。當時，我在時報出版公司的總經理任內。在六四發生後的三個月，我想親自去體驗一下中國大陸的情況，並且看看是否有機會開展一些出版的商機。

第二件事，是十月接受了新聞局的委託，承辦法蘭克福書展第一次同意設立的台灣館。我請吳勝天做美術設計，使用高重黎的攝影，突出建館的視覺風格，邀請台灣代表性的作家、出版人組團參展。

那一年，我並沒有意識到同時做這兩件事情的意義。但之後，我逐漸覺察到其中有一個邏輯，也越來越有意識地使用，越來越堅定地相信。

1989 年法蘭克福書展台灣館的簡介。圖片來源：作者提供

那就是：台灣是個只有兩千三百萬人口腹地的市場，我們不能不走出去。但，走出去的時候，必須兩條腿走路，要走向中國大陸，也必須同時走向世界。

大家都知道：中國大陸雖然從一九八〇年代末就開始歡迎台商過去投資各行各業，但是出版業不在其內。因爲他們對意識形態的敏感，全國五百多家出版社都是國有。對內如此，遑論外資。管制嚴密，當然不表示沒有做生意的機會。譬如這些國有出版社有各種方式和他們自己民營的「二渠道」合作，還進而有投資，並將之扶持壯大的可能。

曾經，台灣的出版業者也有人嘗試過類似「二渠道」的運作。但我一直沒有。有人認爲有灰色地帶可試，但我總覺得灰色地帶的睜一隻眼閉一隻眼都操之在人，不必冒這種風險。可我又不想就此停止。所以有長達二十年的時間，我一直努力試著用各種不同的頻率進出中國大陸，觀察那裡的市場情況，看看有什麼合法又合理的切入可能。

但一直找不到。於是二〇〇八年我做了一個決定：那就實際搬去住下，看看有沒有什麼不同的可能。這樣，我在北京奧運結束的第二天，把全家搬了過去。

幾乎在那同時，我又在紐約開設了一家公司，開發一個用軟體來教外國人學中文的軟體。

◎

我知道這是不自量力。也聽很多人說我發瘋。但我有兩個著眼點。

第一個是進取面的。在思考如何在中國大陸市場發展的同時，也思考如何善用中國元素來開闢世界市場，是一體兩面。

第二個則是防備面的。我要小心一件事：在中國大陸的發展如果成功，有沒有雞蛋都放到同一個籃子裡的風險？

因此，儘管明知勉強，我也要兩條腿走路。這樣，我可以說，我自己是從二〇〇八年就開始了一個大航海的計劃。

但是這個大航海計劃後來波折很大。紐約的計劃叫「中文妙方」，因爲對開發軟體的許多觀念、策略和工作方法的不當，儘管產品本身得到諸如iF、紅點等很多國際性的大獎，但是在市場推廣上卻還沒見成效。

中國大陸的部分，我做了一個叫作《經典3.0》的計劃，先辦巡迴香港、上海、北京、台北四地的演講，再整編爲圖文結合的系列書籍，結合網路，我想當作一個立體出版計劃的新起點。

只是到了二〇一三年，我暫停在中國大陸的活動。因爲那年六月發生了反黑箱服貿的事件，而我是開第一槍的人。

我參與反黑箱服貿的過程，都寫在《如果台灣的四周是海洋》之中，這裡不再贅言。但這裡補充一下我參與社會公共事務的背景。分四個階段來談。

◎

第一個階段，大約在二〇〇〇年之前，包括我主持時報出版及台灣商務印書館任內，參與得很少。即使有，也是和出版業相關。一九八九年籌組法蘭克福書展台灣館是其一。一九九六年承辦台北國際書展，形成新的書展模式，是其二。

在這個階段，我相信一個企業負責人對社會能盡最好的責任，就是把公司經營好，照顧好股東與同仁的權益和福利，也無暇他顧。

第二個階段，在二〇〇〇年至二〇〇八年。這個階段，我明顯地參與了許多公共事務，主要仍然是出版產業內的，但是和前一階段不同的是，更主動參與而非被動承接。

這和出版產業本身的變化有關。進入二〇〇〇年之後，我們產業出現許多新的變化。大量簡體字書進口需要規範、出版業上下游由「把餅做大」的合作而出現「搶大餅」的衝突、台北國際書展進入瓶頸等等議題，同業間不能不共同討論、合作，找出解答。由於我始終相信出版業的本質是共存共榮，因此投入許多心力，參與很多。畢竟，解決了大家的問題，也是解決我自己的問題。

這裡我不能不提一下二〇〇三年的香港七一大遊行。那場針對《香港基本法》第二十三條的五十萬人遊行，隔海給我很大的震撼。

香港不像台灣，沒有那麼多主導力很強的政黨可以動員支持者，而香港又是一般人對政治如此冷漠的社會。在這種情況下，六百萬人口的香港，光憑一些民間團體聯合主辦，就能有十分之一的五十萬人走上街頭，成果驚人。那場公民行動又進行得乾淨利落。五十萬人全程高度自制，散場不見垃圾，讓我對公民行動開展了許多想像和信心。

那年年底，我之所以跳出來開始寫公開信給政府官員，並聯絡同業成立「台北書展基金會」，受香港七一遊行影響很大。

也因爲如此，後來我又在二〇〇七年因爲醫病關係而發起過「u care i care 讓好病人遇上好醫生」行動，二〇〇八年總統大選前發起過「我的希望地圖」網路行動。

第三個階段，從二〇〇九年到二〇一三年。我接受了馬英九總統的邀請，擔任國策顧問。如我曾經寫過，我之所以會答應接受邀請，一方面和我的宗教信仰在那個時刻給我的啓發有關，另一方面也因爲我覺得自己可以在文化事務和兩岸觀察上有些貢獻。

接受邀請的時候，我並沒有意識到自己這一步跨得很大，已經涉入政治。

但是因爲畢竟有「國策顧問」這個職稱，所以不論在字面或實質的意義上，我都開始練習把觀察、思考許多事務的角度，拉高到「國策」的層次。

也因爲如此，到了二〇一三年六月，當我面對兩岸服貿協議，看到政府在黑箱作業的狀態下，簽下那麼多不合理又不對等的條件，給國家安全、產業、社會都造成巨大的衝擊時，我不能不發聲。

有一次在屏東演講，有一位聽眾問我爲什麼要跳出來。

我當然知道，在那個時刻如果我不作聲，我很有機會成爲一些事情的受益者。但我之所以無法保持沉默，除了我對「國策顧問」那個頭銜所感到的榮譽和責任之外，也有一個航海者如何回顧自己母港的心理。

我自己雖然已經決心出航，但是如果揚帆千里，自己的母港卻面目全非，卻不是我的心理能承擔得起的。

因此其後兩年多裡，我有意識、也有目的地持續使用「前國策顧問」的身分發言，一方面希望這個頭銜能讓我的許多發言有個相襯的立場，另一方面也繼續督促自己去追求一個問題的謎底——我們的國家到底怎麼了？到底出了什麼問題？該如何解答？

◎

兩年多的時間，我像是在玩一個巨大的拼圖遊戲。一方面不停地搜集爲了拼圖而需要的大量碎片，一方面又不停地隨時拼湊搜集而來的碎片並再搜集更多的碎片。

那種難以測度的複雜感，其中有壓力和沮喪，有刺激和樂趣。

這就是我先寫了《如果台灣的四周是海洋》一書，再在出版後，又花了三個多月時間進行「年輕的力量進國會」系列訪問的心路歷程。

只是當我整理好這個系列訪問稿的時候，我意識到自己來到一個抉擇點。越過這個點，如果我再要繼續組合我的拼圖，想要追求答案，那我應該要親自參政了。但那不是我能做或適合做的。我能做，也最適合做的，還是一個編輯的工作，一個出版人的工作。

這次選舉之後，台灣的政治開始了新的篇章。但是如這本書一開始所說的，今天台灣的問題是社會各個領域的問題都積重難返，到了臨界點，我們來到了必須以新的生活觀和價值觀來尋求解答的時刻。

所以我們不能光是因爲新的總統誕生，國會裡出現一些新的力量，就以爲長期困擾我們的那些問題可以解決。

我們需要各個領域的人都丟掉造成自己負擔的鉛球，以便迎向風浪巨大的未來。

過去幾年，我的國家處於風雨飄搖的危機之中，而我置身的產業，也位於極大的風暴之中。全世界的出版產業，都在面臨網路及數位化閱讀的衝擊。台灣，由於少子化帶來閱讀人口劇減的風險，衝擊更格外地大。

我要回到自己原有的位置，爲自己的公司擘劃一條新路，因此，我擬定了一個重新開始大航海的計劃，並廣泛呼叫隊友。

在未來五年內，我希望能大幅度地跨越原有傳統出版產業的定義和界線，不論從地理空間還是品類還是形式上，都打破台灣現有「出版」之爲出版的格局。

事實上，全世界的出版都在改變及轉型中。我要趁著這個機會，從台灣出發來打世界盃。我相信，以台灣所承接的傳統中國文化的底蘊，匯聚台灣在華人世界獨有的自由、開放環境所培育出來的人才，可以有一場大航海行動。

不怕風浪與顚簸，從台灣走向全球的大航海行動。

過去兩年半，我花了很多心力在出版以外的公共事務上。這些活動固然佔據了我許多時間，但是也大幅開展了我的視野、人脈，與資源。現在，我相信可以把這些收穫轉化爲大航海行動的資糧。

這樣開始的新航程，我除了希望可以讓自己的公司脫胎換骨之外，也能爲風雨之中的其他同業，甚至其他正在努力升級與轉型的產業提供一些參考。

別在海洋裡丟鉛球。我自己要身體力行。

在《如果台灣的四周是海洋》裡，我曾經畫了一個圖，說明未來的三種人才，以及其需要具備的條件。其實，個人也可以拿這張圖來當作訓練自己需要具備的三種視野，以及實踐的方法。 圖片來源：作者提供